书山有路勤为径，优质资源伴你行
注册世纪波学院会员，享精品图书增值服务

STRUCTURED
LEARNING
POWER

结构学习力

信息超载时代的职场学习之道

李忠秋·著

电子工业出版社
Publishing House of Electronics Industry
北京·BEIJING

未经许可，不得以任何方式复制或抄袭本书之部分或全部内容。
版权所有，侵权必究。

图书在版编目（CIP）数据

结构学习力：信息超载时代的职场学习之道 / 李忠秋著. —北京：电子工业出版社，2023.8
ISBN 978-7-121-46072-2

Ⅰ.①结… Ⅱ.①李… Ⅲ.①学习方法－通俗读物 Ⅳ.①G442-49

中国国家版本馆 CIP 数据核字（2023）第 142349 号

责任编辑：杨洪军
印　　刷：河北虎彩印刷有限公司
装　　订：河北虎彩印刷有限公司
出版发行：电子工业出版社
　　　　　北京市海淀区万寿路 173 信箱　邮编 100036
开　　本：720×1000　1/16　印张：11.5　字数：220.8 千字
版　　次：2023 年 8 月第 1 版
印　　次：2025 年 9 月第 3 次印刷
定　　价：59.00 元

凡所购买电子工业出版社图书有缺损问题，请向购买书店调换。若书店售缺，请与本社发行部联系，联系及邮购电话：（010）88254888，88258888。
质量投诉请发邮件至 zlts@phei.com.cn，盗版侵权举报请发邮件至 dbqq@phei.com.cn。
本书咨询联系方式：（010）88254199，sjb@phei.com.cn。

前　言

很多人曾问我："您认为一个人（本人、员工、下属）的学习能力究竟取决于什么？是智商吗？"

对于这个问题，我认为需要从定义入手，也就是先搞清楚，究竟什么是学习能力。假如，学习能力等于理解能力，那么学习能力和智商的关系还蛮大的；假如，学习能力包含制定学习目标、获取特定内容、锻炼相应技巧、培养学习态度等多方面的综合能力，那么智商的影响就会大打折扣。

为什么我可以如此肯定地回答呢？因为这源于我多年的学习型项目实践。

虽然转眼已过七年，但对于初始筹备项目时的场景，记忆依然深刻。

在 2015 年前后，翻转课堂的概念非常火，我们开始探索，是否有好的学习模式可以借鉴，并帮助学员不但能"知道"，而且能"做到"。我们看了很多国外的理论和案例，其中包括 U 型理论、可汗学院、慕课等，发现很多学习模式的可借鉴性并没有那么强。

还好，善于利用结构化思维的我们，在花费了数月的集中学习和团队探讨后，梳理了一整套以"学习规划、知识重构、应用输出"为宗旨的高效学习理论模型，将其嵌入学习型项目的底层框架中。后来，当拿着这个学习理论模型进行在线学习型项目搭建时，我才发现，身边的几个朋友已经在在线学习方面做得很棒了。向新精英的古典老师学项目设计思路、向做 PPT 在线教育的秋叶大叔学运营管理、向 DISC 学习社群的李海峰老师学社群运营……数十个日夜后，《21 天思维改善训练营》应运而生。

在这个以训练营为依托的学习型项目中，我们着重做了三件事：让学员学会方法、养成习惯、产出成果。

学会方法

1. 学会结构化思考与表达的方法

必须承认，思维能力的提升相对抽象。为了让它的落地过程更明显，我们导入具体场景，为每个知识点设置相应的业务情境，如工作汇报、商务谈判、项目管理等，引导学员运用结构化思考的工具，解决具体场景的实际痛点。

这样，当大家面对实际痛点，有解决欲望却没有解决方法和解决工具时，学习欲望就被点燃了。在这个基础上，我们利用"规划、重构、输出"的底层原理，做学习规划，拆分知识，提供学员视频课程和相关学习资料，用碎片化的方式传递给每个人；做知识重构，将批判性思维、结构化思维和设计思维等不同思维方式有机结合；做知识输出，提供学员社群平台，鼓励大家把自己理解的知识分享出来。

2. 学会学习的方法

"授人以鱼，不如授人以渔"。在我们给予学员结构化思考与表达的相关知识、技能和方法的时候，我们变相地把知识、技能和方法得来的过程、应用的过程，以及反思结构思考力的过程也传递给大家。我们和大家探讨结构思考力课程的理论基础、分享课程的设计理念，探讨案例的搭建方法……很多学员在参与训练营的过程当中，隐约发觉自己并不是在学习一门思维课程，而是在学习"发现知识、整合知识、应用知识和传播知识"的方法。这一点发现不在我们原本的学习型项目设计内，却给了我们巨大的启发，算是间接促进了本书的诞生。

养成习惯

不过,仅仅学会结构化思考与表达的相关知识、掌握对应的方法就是我们最终的目的吗?并不是。它们可以是较高层级的目标,但是对学员帮助更大的,是将学习的知识转化为自身拥有的能力,甚至是养成习惯。

1. 练习时走出你的舒适区

普通运动员每天更愿意练习自己最熟悉的动作,而顶级运动员更愿意练习高难度的、自己不会的动作,即使训练时间相同甚至前者时间投入更多,普通运动员却永远没有机会成为顶级运动员。原因在于前者的练习属于自己的舒适区,更多的是低水平的重复,结果只能是原地踏步。

2. 有计划地将思维标准内化

我上大学时在校队打排球,最开心的是参加学校每周组织一次的队内训练赛,因为平时都是专项训练,非常枯燥,如一个下午可能只练习接一传。好的训练要有专业的训练计划,逐步提升各项技术指标,而不是每天开心地打比赛。思维训练也一样,学完马上就把所有的思维标准实践在一个场景下，是不现实的。

3．每天深入解决一个问题

选择一个自己面临的问题进行深入思考。通过对一个问题的深入思考，尝试找出看待这个问题的各个维度。因为同一个问题可能有很多视角，尝试变换一些视角，你会更容易把握问题的本质，找出解决方案。

4．深入交流、反思与互动

这里的交流是多维度的。学员与导师之间、学员与学员之间，对某个知识点理解的差异、对某个工具应用的错误或偏差、对某个场景是否适用的小小争论，都能成为交流的引线，推动思维的碰撞，擦出思想的火花。

产出成果

线上训练营的每日作业就是学员拿出一份自己的实际工作案例进行结构化解析、解读或重构，学员跟随课程的各个环节，一步一步完成。课程结束的同时，这份个人的工作案例也会以全新的、结构化的形式产出最终成果。

我们将所有的文字成果整理汇编，每一期都会形成一本厚厚的成果专辑。比如，第五期《结构思考力思维改善训练营成果专辑》（见图 A），全本 316 页，收录了每日打卡 1000 余份，共计 30 余万字。

图 A　《结构思考力思维改善训练营成果专辑》展示图

在展示了我们持续七年的学习型项目后，我可以很负责任地告诉你，七年来数万名学员参与的训练营证明了以下两件事。

（1）智力确实对学习产生助力，但它不是决定性的；

（2）明确的学习目标、可获得的正确内容、锻炼正确的相应技巧、培养好的学习态度，才是职场学习取得成绩的不二法门。

基于以上的收获，我们再来向你推荐本书：它确实是适合职场人士人手一本的高效学习手册，书中的理论、模型和工具大多基于结构化思维的逻辑与技巧，它们是为你精心组织和打造的。因为结构化的特点，你将很容易吸收和掌握它们，一学就会，拿来就用，且书中的内容已经过我们多年的实践检验。

前　言

当然，必须声明一点：学习这件事，前人已经研究得非常透彻，并非只有结构化的学习才是高效学习的唯一路径。只是我们的这条路径被数万名学员亲自验证有效，我们将其分享出来，供你选择。

最后，预祝你摆脱低效学习的困境，收获一套属于自己的学习心法。

李忠秋
2022 年夏

目 录

导　论　学习活动需要管理 1

　　第一节　结构学习力：完善你的思维结构，
　　　　　　提升自我认知水平 2

　　第二节　3A 学习模型：掌握系统学习方法，
　　　　　　摆脱低水平勤奋 10

第一章　规划力：有效拆解，锁定学习目标 19

　　导　入　克服碎片化学习弊端的"规划力" 20

　　第一节　明确来源定目标：为何学 27

　　第二节　解构能力定内容：学什么 36

目录

第三节　分配资源定计划：如何学 50

第二章　整合力：构建模型，掌握知识本质 63

导　入　真正将知识纳为己用的"整合力" 64

第一节　理解：隐性知识显性化，结构化萃取知识 74

第二节　重构：显性知识结构化，系统化规整知识 93

第三节　呈现：结构知识形象化，模型化你的知识 113

第三章　应用力：利人利己，成为学习高手 133

导　入　应用知识，而非拥有知识 134

第一节　让自己受益：刻意练习 138

第二节　让身边的人受益：费曼技巧 150

第三节　影响更多的人：库伯学习圈 156

回顾 166

参考文献 169

导 论

学习活动需要管理

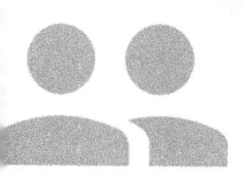

第一节
结构学习力：完善你的思维结构，提升自我认知水平

一、预防深陷学习误区

提到学习，我们都不陌生，可以说每个人的一生都是不断学习的一生。从呱呱坠地开始，我们学习如何进食、怎样奔跑；从孩童时期开始，我们学习语数外、史地生；从步入社会开始，我们学习岗位技能、为人之道……

近些年，"终身学习者"的概念逐渐深入人心，我们每个人都知道学习的重要性，并为学习做出了很多努力。但是我们必须承认，自己的学习效果并不理想。

很多人在职场中都有这样的烦恼：总觉得自己的个人发展没有方向、没有目标、缺少规划、成长速度慢，随之而来的是感到碌碌

无为，对职业生涯感到迷茫和困惑。究其原因，很可能是绝大多数人都陷入了学习的误区。关于学习的误区，很多人有不同的见解，被大家公认的误区大致有以下几种。

1. 学习，就只是学习

这句话听起来有点怪，学习怎么还不只是学习了呢？其实这是因为我们绝大多数人都会陷入"狭义学习"的陷阱，认为学习只是一味地吸收知识。比如，很多人都有这样一种感觉，自己在小学和初中时的成绩蛮好的，可是一进入高中和大学，成绩就开始直线下降。这是因为在小学和初中这个阶段，依靠死记硬背的方法就可以学完所有知识，而且知识总量不大。

但是从高中起，学习便不再只考察记忆能力，更多的是考察理解能力及利用有限的知识或者案例构建模型的能力。换句话说，高中之前是多学，高中之后就要多想了。

而步入社会的我们，光凭记忆和理解还不行，因为我们学习的目的已经不同于学生时代了，我们的目的是能够应用知识。

2. 大量阅读，就是学习

我们所处的时代是信息爆炸时代。知识的增长、更新和淘汰速度，都是前所未有的。大量阅读确实是接收信息和学习的重要手段，但我们不能将阅读看作学习的全部，还需要更好的学习方法。而且很多人在阅读时根本做不到对知识的理解和吸收，他们只是飞速将书翻完，学习的质量极差。

3．知识就是力量

看到这里，你可能会觉得奇怪，"知识就是力量"这句话怎么也是误区？这明明是一句人尽皆知的话，几乎每个人都认为这就是一句真理。其实，这句话有两个方面需要引起你的注意。一是知识的范围太广，实用性不强的知识，所能给予你的力量没有办法准确衡量；二是即使是实用性很强的知识，如果想要产生力量，就要被人应用于实践之中，储存在大脑中的隐性的知识本身，可算不上力量。

4．学习是自己的事情

虽然自学成才的人大有人在，而且学习本身是典型的以个体化行为为基础的活动，但自学、个体行为都不应该成为我们封闭自己学习环境的理由。

（1）我们的知识是源于他人的。"三人行，必有我师焉。"他人的固有经验和学习经验可以被我们学习和借鉴。

（2）学习活动是嵌入我们的社会生活中的。比如，学习的过程需要他人的配合，期间还需要与其他学习者进行知识比较或者需要他们的反馈。

（3）教就是学，当我们尝试把理解的知识向外传递的时候，既可以根据他人的反馈对自己的学习成果进行检验，又可以再次加强对知识的理解和掌握。

那么，我们该做好哪些准备，才能有效地避免陷入学习的误区呢？

⏮ 二、深刻认识学习本质

"为学之道，必本于思。""不深思则不能造于道，不深思而得者，其得易失。"这两句话出自北宋程颢、程颐的《二程遗书》，意思是，学习必须以思考为根本，不经过深思就不能领悟其中的道理；不经过深思，即使有所得，也容易失去。

最早提出学思关系的儒家学者是孔子。孔子认为"学"与"思"应当有机地结合，不可偏废。"学而不思则罔，思而不学则殆。""吾尝终日不食，终夜不寝，以思，无益，不如学也。"就是这个意思。

二程之所以将"思"放到如此重要的位置，是因为"思所以睿，睿所以圣也"。"思"是达到睿智、圣明的必由之路。二程强调了"学"的手段性与"思"的目的性，继承并发展了孔子关于学思关系的辩证思考。

关于学思关系，除了中国儒家的解释，西方哲学家也在不遗余力地进行推敲与辩论。

理性主义者认为，大多数的人类知识源于推理。典型的理性主义者认为，首先人类本能地掌握一些基本原则，如几何法则，随后可以依据这些原则推理出其余知识。

一方面，理性主义者认为，知识仅仅存在于一个独立世界之中。人类感觉到的世界，只是对于知识世界所隐约透露的神秘影像的复制，这种复制可能正确也可能错误，所以感性认识处在不确定的状态之中，其认识的成果只是一些摇曳的幻影而已。

另一方面，理性主义者往往轻视实践，贬低科学的价值。由于科学来自观察和感觉世界中作为实践运用的知识，因此，理性主义者认为这些基于不确定性知识的科学是片面的，甚至不符合天赋理念的观点。在极端意义上，理性主义者武断地否认了科学的可能性。

经验主义者表示反对，他们认为人们主要通过身体感官发现真理，一切知识都通过经验而获得，并在经验中得到验证。比如，我们所熟知的科学，它的主要基础就是经验论。

而德国哲学家康德认为，理性主义者和经验主义者的观点都是片面的。他主张，我们体验现实的方式并不是简单的推理或感觉，而是取决于我们思维的结构（见图0-1）。

大多数心理学家和神经学家同意康德的观点，即我们无法直接观察到现实，我们会对信息进行加工处理，处理方式源于我们的大脑提供的结构和规则。

因此，大脑在帮助我们理解这个世界的同时限制了我们。我们能做的，就是不断完善自身的思维结构。

图 0-1　人类的思维结构

三、初步掌握学习原则

但是，光认识学习的本质是思维的活动，以及学与思的关系对我们并没有什么直接意义。鉴于知识型社会所需的富有挑战性的学习强调，想学习，要先了解学习。美国国家科学院对"学生如何学习"所做的总结非常值得借鉴。他们认为至少有三条基本的、公认的学习原则对教学极其重要。虽然这些原则是针对教学使用的，但我们可以在开始学习时，进行借鉴。

原则一：如果要使教学有效，必须重视学生的先前知识

如果我们不考虑学生的先前知识，他们可能无法掌握被教授的新知识，只是为了考试而学习，不是为了应用知识而学习。一旦脱离课堂，他们又恢复到先前知识状态。

从这一原则出发，我们可以获得如下借鉴。

当个体或组织开始学习时，必须考虑在自己的思考与学习中如何联系先前知识。

原则二：如果学生在课堂之外应用知识，那么他们需要概念化地组织与使用

为培养某一领域的探究能力，学生不仅需要具备事实性知识的深厚基础，还需要在概念框架的情境中理解事实与观点，以多种便于检索与应用的方法组织知识。

从这一原则出发，我们可以获得如下借鉴。

当个体或组织开始学习时，必须能够组织学习材料，并且将所学知识迁移到新情境中加以应用。比如，使用新知解决问题，对自己的学习和理解进行持续性评估，修正自己的学习任务。

原则三：如果学生知道如何学习和如何管理自己的学习，学习将会更有效

教学的"元认知"方法可以帮助学生采取一系列的学习策略，使学生明确自己的学习目标，监控实现目标过程中的进展状况，学会控制自己的学习。

从这一原则出发，我们可以获得如下借鉴。

当个体或组织开始学习时，需要清楚如何对自己的理解进行自我评价，清楚如何为学习选择最好的学习方法。比如，使用一系列的学习策略，预先计划，分配时间与精力。

第二节
3A 学习模型：掌握系统学习方法，摆脱低水平勤奋

一、结构学习力：完善结构、明晰层次、掌握步骤

本书的书名是《结构学习力》，其有三个方面的含义。

1. 结构化学习能完善思维的结构

思维是隐性的，往往很难被觉察。我们需要刻意地觉察，显性化我们的思维结构，才能够发现我们是通过哪些视角看待这个世界的。思维结构产生于每个人的主观意识中，往往是不健全和不完整的，不太容易能够审视全部事实。思维结构是很难改变的。一旦习惯了某种思维结构，人们就会对其产生依赖和情感，需要通过有意识的努力、理性的干预才可能改变，而这种努力和干预需要经过一个很长的过程。

所以，在多数情况下，我们固有的思维结构是不利于学习的。针对这个问题，本书会为大家介绍一种改善思维结构的方法：结构思考力三层次模型。这一方法会在后续章节中展开，这里先不赘述。

2．结构化学习能明晰知识的层次

从宏观的角度看，知识有显性和隐性之分。在很多理论中，大家都喜欢用冰山模型（见图 0-2）来隐喻说明显性知识与隐性知识的关系。

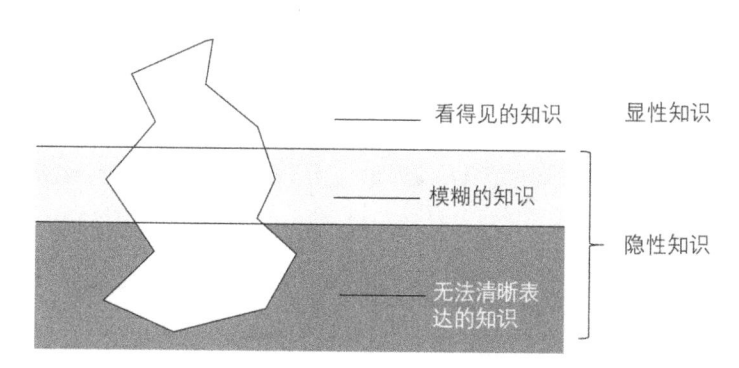

图 0-2　形象表达显性知识、隐性知识的冰山模型

凸显在水面以上的、看得见的"冰山一角"是显性知识，是可以用规范的语言表达清楚的知识，包括语法陈述、数学表达式、规格、手册等，这类知识能在个体之间正式且方便地传播；隐藏在水面以下的、看不见的"冰山主体"是隐性知识，难以用规范的语言表达清楚。它是根植于个体经验的个人知识，涉及无形要素，包括个人信念、观点和价值观体系等。而介于显性知识与隐性知识之间的是模糊知识（过渡知识），它意味着知识是可以在显性与隐性之间转化的。

我们能够直接学习或者向外输出的，大多是显性知识。但这样往往不够，我们需要一些方法将更多的、隐藏在水面以下的隐性知识显性化，才能更好地完善自己的知识体系框架。

3．结构化学习能掌握学习的步骤

结构化学习不是盲目地死记硬背、来者不拒，也不是胡乱地挑三拣四，它是一套系统化的学习方法和学习步骤，你可以认为它是学习的结构。所谓学习的结构，就是在思维结构和知识层次的基础上，从获取知识、构建模型到输出知识全过程中产生的行为路径和学习方法。在本书中，这个学习的结构体现在"3A 学习螺旋"模型里。

二、3A 学习螺旋：源自经典、理论完善、模型思维

"3A 学习螺旋"是结构学习力的核心理念，其理论基础源于野中郁次郎的 SECI 模型（见图 0-3）和知识螺旋。

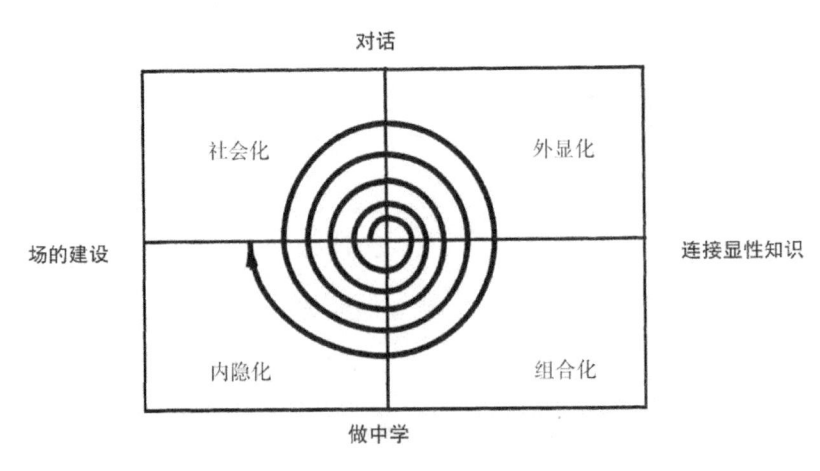

图 0-3　野中郁次郎的 SECI 模型

导　论　学习活动需要管理

野中郁次郎是知识管理领域被引述最多的学者，被誉为"知识管理理论之父""知识管理的拓荒者"。他是继大前研一后又一位具有世界影响力的日本管理学者，于1989年出版的《创造知识的企业》中提出了SECI模型和"知识螺旋"的概念。

野中郁次郎将企业知识划分为隐性知识和显性知识两类。隐性知识包括信仰、隐喻、直觉、思维模式和诀窍；显性知识则可以用规范化和系统化的语言进行传播，又称为可文本化的知识。这一点和我们前面讲知识层次时，用冰山模型来隐喻说明是一致的。

野中郁次郎在隐性知识和显性知识的概念基础上进一步提出，在企业创新活动的过程中隐性知识和显性知识二者之间互相作用、互相转化，知识转化的过程就是知识创造的过程。知识转化有四种基本模式——社会化（Socialization）、外显化（Externalization）、组合化（Combination）和内隐化（Internalization），即SECI模型。

1. 社会化（Socialization）：个人的隐性知识向他人传递并实现隐性知识的群体共享

个体可以从他人那里直接获得隐性知识，获取方法为观察、模仿和实践等，不需要文字或语言。此时传递的知识是没有符号系统、不能进行客观表达的，接收者只能通过感受、领悟、体验等途径，把这些知识学到手。但正因如此，这些隐性知识往往很难被组织有效地综合利用，比如，很难优化和复制。因此，知识的传递最好借助符号进行客观表达。

《创造知识的企业》中记载了这样一个案例。

20世纪80年代末,松下公司在开发自动家用面包机时遇到了一个很大的难题,即如何实现揉面过程的机械化,而这属于面包师拥有的隐性知识范畴。研究人员将面包师和机器揉的面团分别进行了X光检测和对比,但没有获得实质的发现。软件开发部的负责人田中郁子意识到大阪地区最好的面包来自大阪国际酒店。为了掌握揉面技巧的隐性知识,她和几位工程师自愿去酒店做学徒,拜面包房厨师长为师。想要做出和厨师长做的面包一样美味的面包绝非易事,没人能说出其中的奥妙。但是有一天,田中郁子注意到面包房厨师长不仅拉伸面团,还搓捻面团,原来这才是制作美味面包的秘密。因此,她通过观察、模仿和实践,经过了社会化过程,掌握了面包房厨师长的隐性知识。

2. 外显化(Externalization):隐性知识向显性知识的转化

外显化是一个将隐性知识以客观、通用的符号概念,用文字、语言清晰表达的过程,把隐性的想法、诀窍和经验表达出来,实现知识外显化。这是一个知识标准化、概念化的过程,可以促使隐性知识变为可见、可重复的工业化知识。

这个过程可能需要经过比喻、类比、建模的基本途径。

通过比喻,人们将他们所知道的个体化的东西以常识化的方式描绘出来,把乍看起来毫无联系的形象连接起来,就可以表达那些只可意会不可言传的东西。

只是任何比喻都无法百分百传递感受、体验、领悟，而且比喻很有可能让学习者的联想产生偏差。比如，朱自清先生笔下"叶子出水很高，像亭亭的舞女的裙"算是比喻的经典语句，即使如此，"叶子"和"舞女的裙"也仅仅是有极小的相似性。

所以，在使用比喻将两种不同事物联系起来后，我们还需要借助类比来澄清比喻中两个概念的相同与不同，调和比喻中蕴含的冲突。也就是说，如果纯粹地从准确传递的角度看，朱自清先生应该在"叶子出水很高，像亭亭的舞女的裙"之后，增加一些"叶子"和"舞女的裙"的对比，同时强调它们相像和不像的地方，这样，我们脑海中"叶子"的形象才能更加显性化和立体。

最后一步就是建模，将隐性知识表达为可理解的概念，转化为外显的符号系统，如文字和语言，就像我正在解释的、你正在学习的 SECI 模型。

3. 组合化（Combination）：零散的显性知识向体系化知识的转化，它是一个通过各种方式把形形色色的知识概念组合化和系统化的过程

当隐性知识通过比喻、类比和建模的方式被描述出来后，个人会非常方便地从文件、会议、交谈、网络等媒介得到大量的知识碎片，通过对显性知识以整理、增添、组合和分类等手段进行加工，形成一个新的知识体系，最终将个体乃至群体的知识变成组织的知

识，把散乱的知识变成系统的知识。

4．内隐化（Internalization）：显性知识向隐性知识的转化，从组织的知识储备到个人的知识创造的转化

内隐化是将显性知识体现在隐性知识中的过程。经过前三个过程被显性化的知识，会通过共享技术诀窍和心智模式的形式，再内化到个体的隐性知识中，新知识被组织内部员工吸收、消化，并升华成他们自己独特的新的隐性知识。这时，新的隐性知识就变成了有价值的资产。

完成以上四步后，原本的隐性知识历经隐性到隐性—隐性到显性—显性到显性—显性到隐性的循环，重新回归隐性知识。当然，此时的隐性知识已经变成新的、更加独特的隐性知识了，等待它的是再一次的"隐性到隐性"的社会化过程，循环会再次开启。这样循环再循环的螺旋上升过程，被称为"知识螺旋"。

SECI模型和知识螺旋概念本身是非常好的理念，有兴趣的朋友可以阅读相关图书。

我要向大家详细讲解的则是，基于野中郁次郎的理论研究，从思维的结构化、知识的结构化与学习的结构化三层次出发，总结归纳的一种高效的"3A学习螺旋"模型（见图0-4）。其中的3A分别是plAn、integrAtion和Apply。

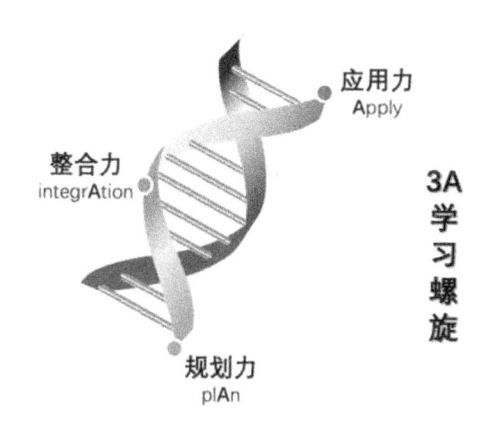

图 0-4 "3A 学习螺旋"模型

其中：

（1）规划力（plAn）教你在信息时代如何精准获取知识。使用明确来源定目标、解构能力定内容和分配资源定计划三步，替你解决为何学、学什么和如何学的问题。

（2）整合力（integrAtion）帮助你构建思维模型，掌握知识本质。你将学习使用"结构思考力三层次模型"中的理解、重构和呈现三环，萃取知识、规整知识、模型化知识。

（3）应用力（Apply）能让你利人利己成为真正的学习高手。我会告诉你三种方法，用刻意练习、费曼技巧、库伯模型，让自身受益、身边人受益、更多人受益。

后续章节，就会按照"3A 学习螺旋"模型的结构展开。

第一章

规划力：
有效拆解，锁定学习目标

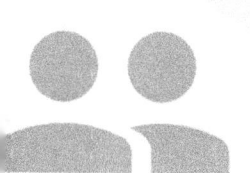

导 入
克服碎片化学习弊端的"规划力"

一、碎片化学习已深入人心

无论你有没有这样的感觉,你的身边一定存在这样的两种人:同样工作 5 年,员工 A 成长缓慢,像一只无头苍蝇,乱飞乱转,陷入低效率忙碌的死循环;员工 B 步步为营,能力和职位快速提升,走入职场和人生的快车道。

为什么会有这样的差异?

很大一部分原因是员工 A 没有明确的学习目标,他想进步,但总是乱学一通,没有规划。员工 B 则有明确的学习目标,稳扎稳打,系统化学习。

简单来讲,员工 A 没有做好学习规划。为什么没有规划会造成

第一章 规划力：有效拆解，锁定学习目标

这么大的影响呢？

以往我们的学习系统和学习方法，针对的都是体系化学习，我们需要用大部分的精力、时间系统地梳理知识、逻辑，就像我们从上小学到上大学那样的学习方式。足够多的精力和时间的梳理，能够让我们完成更多的学习任务，就算没有掌握优秀的学习方法，总归还是能够学到东西的。

可现实是什么？我们早已没有那么好的学习条件，因为我们都是"忙碌的人"，没有常规系统化学习的机会，有的只是碎片化的时间和不得不进行的碎片化学习。

很多人认为，碎片化学习的概念仿佛一夜之间就被大家接受了，究其原因，无外乎以下几点。

（1）现代社会人的时间是碎片化的。

（2）大多数人认为知识是可以用来碎片化学习的。

（3）越来越多的商业行为在争抢和蚕食人们的碎片化时间，即使拥有碎片化时间，留给人们用来学习的也不多了。

所以，在不得不进行碎片化学习的当下，我们可以暂时忽略为什么只能碎片化学习的问题，把注意力聚焦在究竟如何充分利用碎片化的时间，做好学习这项活动。

二、系统化知识易支离破碎

想要做好碎片化学习，首个要务是"避坑"。碎片化学习有以下三个常见的误区。

1. 碎片化等于娱乐化、快乐化

以碎片化学习为主的专业学习平台有很多，跨界平台也不少，如音视频网站、自媒体等，它们试图抢占碎片化学习的市场，吸引学习者的目光。

其中有一些"知识工作者"的工作是让知识分享变得娱乐化。讲着段子、配着音乐、侃着大山、开着玩笑，他们目的似乎是让大家在哈哈一笑或群情激愤中学到知识。

这种想法是好的，因为在几百万年甚至几千万年的进化历程中，人类并没有演化出普世的"快乐学习"的本能，对于绝大多数人而言，学习活动本身都是高强度的脑力活动，能量消耗、精力消耗都非常大。出于生存本能，人体自身是排斥学习的。因此，我们从小就觉得，学习并不是一件快乐的事情，耗费大量时间和精力的系统学习不见得有什么好的效果。

所以，如果真的有娱乐化、快乐化的学习方式，就可以从幼儿园开始实行了。但为什么没有呢？因为所谓的娱乐化学习、快乐化学习，更多的只是打着知识传播的旗号进行的娱乐，归根结底，只能算一种变相的"伪知识化娱乐"而已。

2. 碎片化学习是最优的

专业学习平台在谈到碎片化学习时，只敢讲"碎片化学习，没有那么糟"，绝不敢说它是最好的。但是很多人将碎片化学习当作灵丹妙药，他们认为，对于知识学习而言，碎片化学习是万能的，只要学习是碎片化的，就做到了有效学习。这种观点有点本末倒置了。有效碎片化学习的底层逻辑一定是，只有碎片化时间和碎片化精力，才不得不选择碎片化学习。

还有很多年轻人为了碎片化而碎片化。除了工作、休闲和陪伴家人，他们还有大把的时间，却故意花很多钱去买碎片化的知识，并刻意提醒自己：不要使用大多数时间系统化学习，碎片化学习就够了。最后的结果是，买了特别多的课程，却总是用"没时间"做借口，既没有学习，也没有思考。

所以，即使不得不选择碎片化学习，我们也一定要时刻提醒自己：知识，需要系统地学习、反思和管理。

3. 碎片化就是"强拆"

知识的拆解是一个非常复杂的工程，它需要基于知识的底层逻辑进行，绝不仅仅是按照目录一节一节地拆掉那么简单。有些知识是贯穿整个知识框架的，它们在我们进行系统化学习时可能出现一两次就能够起到贯穿作用。拆解专家会非常注意这些内容，在拆解的过程中有意识地将这些知识重现。可一旦盲目碎片化，这些知识"根系"就可能被斩断，造成知识碎片间无法弥合的断层。

现实是很多学习平台为了迎合碎片化学习热潮，进行了所谓的"知识碎片化"，但他们唯一的动作就是把原本非常系统的知识体系，进行了简单、粗暴的"强拆"。这种拆解不仅增加了学习的难度，也斩断了系统化的知识框架，让原本很容易就能学完的知识，不仅花费了更多的时间，还降低了学习的效果。

最终，碎片化学习带给我们的学习效果是被动的、零散的、滞后短时的、资源分散的、缓慢低效的。怎么办？我们需要一种让学习不再碎片化的规划力。它可以帮助我们做到主动学习、系统学习、整合知识，做好前瞻性规划和长远规划，做好统筹，规划好时间和精力，最终达到快速学习、高效学习。

三、三步走策略建高效学习

本书关于学习规划的内容，是可以在一定程度上避免碎片化学习所导致的糟糕后果的。在本章中，我们重点讲解规划力，它的核心包括三步骤（见图1-1）。

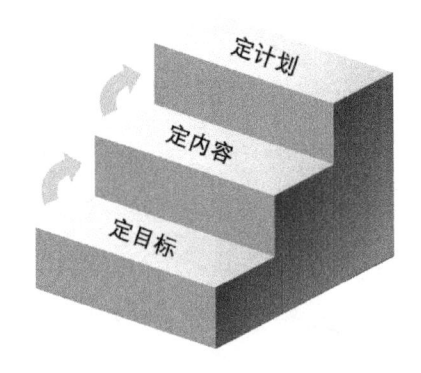

图 1-1 规划力三步骤

第一章　规划力：有效拆解，锁定学习目标

第一步：定目标

我们需要明确自己的学习需求，判断学习的目的是什么。是为了提升某个方面的能力，解决一个现实的问题，还是让自己匹配一个职位？这一步的关键是，在确定学习需求后，给自己一个学习的动力，并使用 SMART 原则（见后文详细介绍）清晰地描述学习的目标，让自己清楚，通过此次学习达到怎样一个状态。

这一步回答的是你为什么开始学。

第二步：定内容

无论学习是源于能力需求、问题需求还是岗位需求，我们都要为此制定一个清晰明确的目标。但只有一个目标还不够，还需要对目标进行深度解析，解析出需要掌握的核心能力，并将其转化为具体的知识模块，锁定接下来要学习的内容，这样才能指导我们组织自己的学习素材。

这一步回答的是你究竟要学什么。

第三步：定计划

目标有了，需要的学习素材也有了，接下来就需要统筹时间，对学习做一次完整的计划。当然，计划不只是简单确定什么时间开始、什么时间结束、每天学多少这么容易的事情，它有一套行之有效的法则，被称为"721 学习法"。在做学习计划的时候，我们必须考虑到正规的阅读、培训等学习方式只能带来 10% 的效果，在其

余90%的效果中，20%的效果来源于交流与反馈，70%的效果则来源于实践与经验。

这一步回答的是你到底该如何学。

经过以上三个步骤的打造，我们就不再害怕落入碎片化学习的误区，而可以从容利用碎片化时间系统化掌握所学内容，提升自己所需能力。

第一章 规划力：有效拆解，锁定学习目标

第一节
明确来源定目标：为何学

▸ 一、学习需求来自三个方面

先看几个案例，大家可以跟着一起回忆下，以下这些场景，自己是不是也遇到过。

场景1：

A公司的销售客户代表Andy发现自己在写方案时思路混乱，抓不到重点。给客户讲解的时候说得乱七八糟，客户甚至质疑他的专业度。Andy的领导说这是因为他思考和表达的能力不足。

场景2：

B公司的销售经理Tom最近遇到了很头疼的问题——

领导要求他尽快将销售团队员工的离职率降下来，并且把业绩提上去。

场景3：

C银行的中级客户经理Jason已经工作快5年了，他觉得自己是时候"往上"走走了——向高级客户经理岗位发起冲击。

我们可以明显发现，这三个案例的场景是不一样的。

在第一个案例中，Andy非常苦恼，他苦恼的原因是自己的写作能力有所欠缺，导致客户和领导对自己都不满意。那么解决方法应该是什么呢？提升自己清晰思考，有效写作、表达的能力，如学习"结构思考力"。在分析原因的过程中，Andy就产生了学习需求，这个需求来自他能力的欠缺。

在第二个案例中，Tom很头疼，他头疼的原因复杂一些。不是某一项能力的不足，而是他面对了一个具有挑战性的问题：如何降低员工离职率，提升业绩。Tom可能既缺乏相关能力，又缺乏相关经验，他的学习需求也因此产生。

在第三个案例中，Jason的目标更复杂。他既不需要明确提升某一项具体能力，也没有面临特别棘手的特定问题，而是对高级客户经理的岗位产生了向往。一般而言，我们从一个岗位到另一个岗位，尤其是升至更高岗位的时候，我们对自己的综合素养有了一个总体需求，这个需求也是需要通过学习来满足的。

第一章　规划力：有效拆解，锁定学习目标

所以，整体来讲，成人学习需求大部分来自三个方面：对能力提升的需求、对问题解决的需求和对岗位提升的需求（见图1-2）。

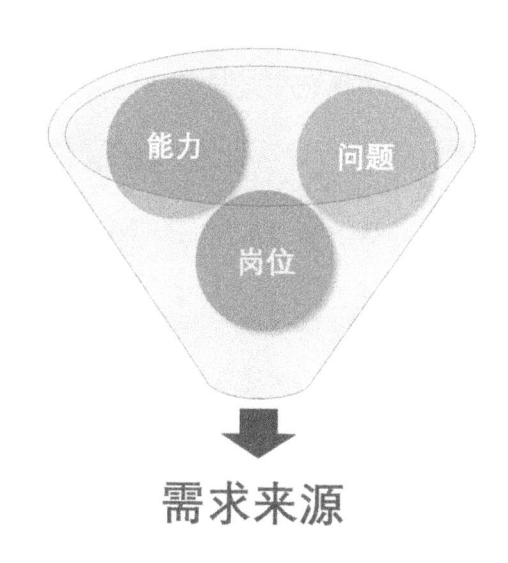

图 1-2　成人学习需求来源

讲到这里，可能有很多朋友表示："如果只从这些需求出发，学习是不是太过功利了？很多学习需求难道不是纯粹出于好奇与兴趣吗？"没错，我刚才给出的三种学习需求来源，都可以被归为功利性学习的范畴，其实还有没那么功利的娱乐性学习，比如，下班之后喜欢看棋谱下围棋。不过在一般情况下，我们很少会为娱乐性学习制定特别清晰的学习目标，不需要特别系统化的高效学习方式，这里我们就暂且不做讨论了。

所以，我们在开始一次学习之前，最好能够问问自己：这次的学习来自自己哪个方面的需求？是能力提升的需求，还是需要解决一个特定的问题，抑或是想要达到更高的层次？回答了这个问题，我们就可以为自己的学习制定清晰的学习目标了。

二、学习目标不清晰弊端明显

问大家个问题，如果你是 Andy、Tom 或者 Jason，在面对和他们相同的情境，产生学习需求后，你会怎样描述自己的学习目标呢？

其中，有一位同学是这样描述的。

Andy 的学习目标是提升写作能力；

Tom 的学习目标是降低员工离职率、提升业绩；

Jason 的学习目标是成为高级客户经理。

以上描述可以吗？可能很多人认为没有问题，这些目标已经非常清晰了。而事实上，这种描述目标的方式并不符合清晰描述目标的标准。如果提升写作能力是学习目标，那在多长时间内，将写作能力提升到什么程度，这个程度用什么方式能够量化？如果降低离职率、提升业绩是学习目标，那有时间限制吗？离职率和业绩有指标要求吗？比如，用高薪留人、增加巨额推广费的手段完成目标，还是在不增加资金成本的基础上完成目标呢？没有体现细节的目标描述方式，是不清晰的。

目标不清晰的弊端非常明显。

对个人来讲，没有清晰的目标，既容易让我们在行动的过程中

第一章 规划力：有效拆解，锁定学习目标

失去焦点，可能做着做着就忘了自己的初心，又不方便进行阶段性评估和反馈，不知道自己的学习效果，从而失去学习动力。

对组织来讲，没有清晰的目标，会造成目标传递不畅，甚至目标在传递过程中被曲解变形。如"降低离职率，提升业绩"就是组织传递给 Tom 的一个目标，如果他不择手段，一切以这个不太清晰的目标为导向，可能会做出很多出格的事情，导致目标达成了，却没有任何价值甚至对组织产生危害。

三、目标描述可以借助模型

究竟什么样的目标才是清晰的目标呢？这里你需要使用 SMART 原则（见图 1-3），来设定自己的目标。

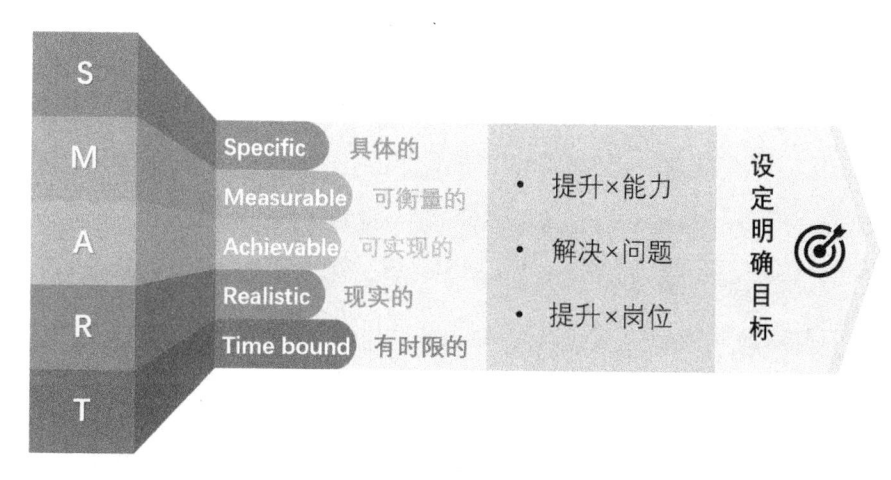

S — Specific 具体的
M — Measurable 可衡量的 · 提升×能力
A — Achievable 可实现的 · 解决×问题
R — Realistic 现实的 · 提升×岗位
T — Time bound 有时限的

设定明确目标

图 1-3　SMART 原则在设定目标时的应用

SMART 原则中的五个字母分别对应五个英文单词：Specific、

31

Measurable、Achievable、Realistic 和 Time bound。

Specific（S），指的是具体的，需要定义目标里的指标是什么。

比如，减肥的指标是减重多少千克；降低人才流失的指标是流失率，它们都明确地表述了具体的指标是什么。

Measurable（M），指的是可衡量的，给指标一个量化的、能用特定的方法来检测的标准。

比如，减重 5kg 可以用体重秤来检测；写作能力可以用发表文章数量来衡量；员工流失率可以用 HR 公式来计算。量化的指标很重要，有一个量化的指标才能知道目标是否能达成，达成了多少，才能在达成的过程中得到有效反馈。

Achievable（A），指的是可实现的，判断目标制定得是否切合实际。

前面我们说过，目标不切合实际也是造成目标不清晰的原因之一。比如，一位肥胖人士想在一个月内减重 5kg，根据我们的经验，是可能达成的，这个目标是切合实际的。但如果他的目标是在一个星期内减重 50kg，很可能是不切合实际的。学习目标也如此，因为学习是需要花费时间和精力，掌握相应方法的，达成学习目标可能比减肥还要困难。

Realistic（R），指的是现实的，包括资源限制或条件限制。

我们要描述清楚我们的目标是在什么资源限制或者条件限制下

第一章 规划力：有效拆解，锁定学习目标

执行的，有什么前提和底线。几乎所有目标的执行，都会受到资金限制、制度限制、流程限制，我们需要判断清楚。比如，一个星期内减重10kg的目标是否可能实现？连续几天不吃不喝可能直接就脱相了，虽然体重减了下来，但是健康遭受了损害。再比如，为了降低骨干员工流失率，无限制加薪是可以的，但任何公司都不可能开出这样的条件，因为这样可能留住了一个员工，却伤害了原本没想走的一大批员工。

Time bound（T），指的是有时效的，在什么时间点达成目标。

显然，目标都应该有时效性，否则也是不清晰的。这一点比较容易理解，我就不做展开了。

SMART原则还有一些变体，这些变体是为了方便大家在制定目标的时候对应不同情景的，建议大家一并了解，灵活掌握。

接下来，我们看看在真实的生活和工作当中，应该如何使用SMART原则来描述目标。

比如，"降低员工流失率"这个目标，我们至少要描述清楚指标是什么。指标是流失率，那么流失率降低多少，如何衡量，时效性和限制条件是什么，最终是否可以实现？

最终的表述方式，可以是以下这样的。

在不增加人力资源成本（R）的基础上，在三季度末（T）的时候，将员工流失率（S）降低5%，也就是从15%降到10%（M）。

根据过往经验和同行业水平分析，这个目标虽然有难度，但可以实现（A）。

再回到一开始 Andy、Tom 和 Jason 的学习目标，他们可以这样描述。

Andy："在三个月内，提升写作能力，将客户满意度提升 20%。"

Tom："用两个月的时间，在不增加人力资源成本的基础上，将员工离职率降低至 10%，并将业绩提升 5%。"

Jason："用一年的时间，通过竞聘，获得公司高层认可，成为高级客户经理。"

我们走到这一步，明确了学习需求，清晰描述目标的工作就做完了。

第一章 规划力：有效拆解，锁定学习目标

简单回顾

无论我们的学习目标是源于能力提升的需求、对问题解决的需求和对岗位提升的需求中的哪一种，我们都需要借助 SMART 原则对目标做一个清晰的描述。这一步是学习规划的第一步，也是我们整个学习活动的第一步。

第二节
解构能力定内容：学什么

▶◀ 一、高手学习，从解构入手

畅销书《巨人的工具》作者，美国著名作家蒂姆·费里斯除了拥有作家的头衔，写过很多本知名著作，他还能说六门外语——中文、韩语、日语、德语、西班牙语、意大利语；通过远程工作，经营一家营养品跨国公司；精通散打和流镝马；保持一项探戈舞的吉尼斯世界纪录，是一位真正的精英牛人。从他的能力中我们可以推断，蒂姆是一位深谙高效学习的高手。

蒂姆在书中、TED 演讲中都分享过他的学习秘诀，即一个叫作 DSSS 的模型。DSSS 是四个英文单词的首字母：Deconstruction（解构）、Selection（选择）、Sequencing（排序）、Stakes（下注）。这个模型最先强调的是解构。什么是解构？蒂姆认为，在学习之前，要对学习涉及的整个领域进行透彻研究，找出最小的学习单元，并且优化学习过程。

解构这个词，最直白的理解就是解析结构，这也是我们结构思考力一以贯之的思维方式：遇到问题拆解问题，有了目标先解构目标。那么到底如何解构学习目标？

DSSS 模型给了我们解构的方向，本书再为大家提供一套切实可行的解构学习目标的方法，这个方法同样是一个模型，它叫作"KSA 能力模型"。

二、知识解构，从模型入手

KSA 分别代表：Knowledge（知识）、Skill（技能）、Attitude（态度）。它涵盖了一个人可以做好一件事情的三方面素养，所以，KSA 能力模型又被称为"个人能力模型"或"个人能力三要素"（见图 1-4）。

知识侧重对概念的理解，是完成任务必须掌握的理论。

技能强调知识本身不是力量，知识转化为技能应用于实践才是力量。

态度是实践的意愿，如果态度不好，不愿实践，即便知识量巨大、技能非常优秀，也很难产生价值。

所以，KSA 能力模型提醒我们，想要提升个人能力，需要同时对这三个方面进行提升，缺一不可。也就是说，无论我们的学习需求来自哪里，学习目标是什么，都需要将目标背后所需的个人能力，解构成 KSA 三个方面，并尽量细化。

图 1-4　KSA 能力模型

三、使用模型，从需求入手

还记得前面我们论述学习需求的来源吗？分别是能力提升的需求、问题解决的需求和岗位提升的需求。

1．解构能力提升需求的学习目标

我们一起再来看一下，源于具体的能力提升需求的学习目标，应该如何解构。

这一类的学习目标与个人能力之间的关系最直接，也最容易解构。我们可以直接将想要提升的能力按照自己的理解进行简单的拆分，先找到组成此能力的各个分项能力，然后将掌握分项能力需要学习的知识、技能和态度放到 KSA 的分类项中就可以了。

这里，我为大家提供一个针对能力提升需求的学习目标解构图（见图 1-5）。

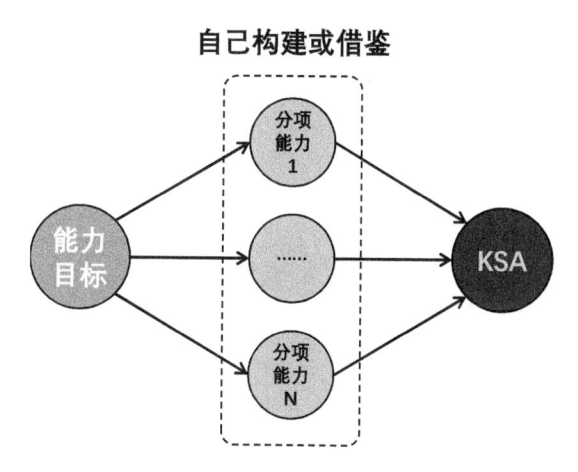

图 1-5 能力提升需求的学习目标解构图

首先看能力目标项。解构目标有一个前提非常重要：保证目标是清晰的，而清晰描述目标的方法叫作 SMART 原则。所以，当我们开始使用解构图解构能力目标的时候，无论这个能力是解决问题的能力，还是匹配一个职位的综合能力，都应该是清晰明确的，这一点非常重要。

然后看分项能力项。我们分析解构了分项能力 1 到分项能力 N，这是组成能力目标的细小能力项，比如，写作能力分为结构搭建能力、修辞包装能力、总结概括能力等。

需要的话，我们还可以增加一个能力描述项。它指的是针对分项能力中不太容易理解的地方做一些详细的说明，用更加通俗易懂的语言解释，让自己更容易理解和把握，避免在学习活动中跑偏。

最后看 KSA 项。KSA 需要我们列出能力提升 1 到能力提升 N，也就是我们必须掌握哪些知识，锻炼哪些技能，端正怎样的态度。

比如，某位同学的学习目标是一个月内提高 Word 操作能力，快速并熟练地创建和编辑 Word 文档，制作一篇符合公司标准的文案。解构这个学习目标的完整步骤是这样的。

第一步，判断学习目标是否清晰，目标的描述方式是否符合 SMART 原则。

第二步，对能力进行解构。这位同学根据自己对学习目标的理解，分项能力有四项：文字格式与段落布局的操作、SmartArt 的操作、图形及数据图表的使用、快捷键的使用。他认为，只要自己掌握了这四项能力，他的 Word 操作能力和快速并熟练地创建和编辑文档能力就会提升。

第三步，简要描述分项能力，更加准确地把握各分项能力的核心要素。

第一章 规划力：有效拆解，锁定学习目标

第四步，思考一下，提高这些能力需要掌握哪些知识，锻炼哪些技能，端正怎样的态度。如果这位同学列出了知识和技能的部分，没有列出态度部分，可以吗？这是可以的，但是，将态度部分补充完整是最好的，比如，要有信心和坚持学习的毅力。

看到这里，你可能会问："老师，如果我不知道提升一个能力需要通过哪些分项能力来解构，该怎么办呢？"这是一个好问题。一般情况下，我们有两种方式进行解构，一种是像前面的例子一样，自己解构、总结框架；另一种是借鉴框架。

信息爆炸时代最大的好处就是遍地都是知识，经验也如此，很多能力的解构早就有人总结过了，我们可以直接套用。

比如，Jack 的学习目标是用一年时间提升自己的领导力水平，使团队保持良好的氛围并取得符合公司要求的业绩。这是一个明确的，关于领导能力提升的目标。虽然 Jack 不太清楚领导力到底是什么，不过他发现，市场上有关领导力的书籍和讲座有很多，简单搜索一下，就会发现很多相关的分类模型。

其中最经典的就是"领导力五力"模型（见图 1-6），这个模型把领导力拆分成五种能力，它们分别是感召力、影响力、决断力、控制力和前瞻力。下面我们对它们进行分别描述。

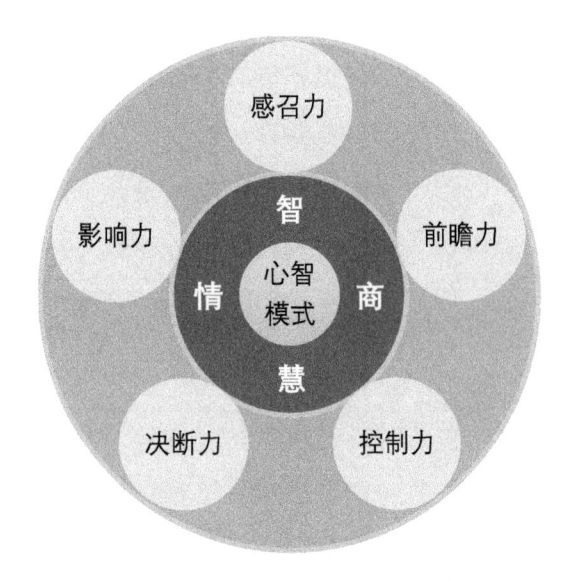

图 1-6 "领导力五力"模型

（1）感召力是最本色的领导能力，在领导学理论中，最经典的特质论研究的核心主题就是感召力。

（2）影响力是领导者积极主动地影响被领导者的能力。

（3）决断力是针对战略实施中的各种问题和突发事件进行快速和有效决策的能力。

（4）控制力是领导者有效控制组织的发展方向，战略实施过程和成效的能力。

（5）前瞻力本质上是一种着眼未来、预测未来和把握未来的能力。

通过以上的描述，Jack 对领导力本身有了清晰的理解，对领导力的组成部分有了深刻的认识，更重要的是，为自己寻找符合 KSA

第一章 规划力：有效拆解，锁定学习目标

能力模型的学习素材提供了更加准确的方向，从而确定了自己需要学习成为领导者和领导团队的理念、组织所在行业的发展规律、组织所处宏观环境的发展趋势等知识，学习快速和准确评价决策收益的能力，学习预见、评估、防范和化解风险的能力和技能，培养自己坚定的信念、崇高的理想、高尚的人格、高度的自信等人生态度。以上就是 Jack 的学习内容。

到此为止，我们对于能力提升需求的学习目标解构就完成了。掌握了此方法，就可以以此为基础，学习基于问题解决需求的学习目标和基于岗位提升需求的学习目标的解构。因为无论是问题解决需求，还是岗位提升需求，其背后都是对特定能力或者综合能力的需求。

简单回顾

对能力目标的解构有以下四个步骤。

第一步，清晰描述能力目标；

第二步，根据自己解构、总结或者借鉴框架对能力进行拆解；

第三步，对分项能力进行描述；

第四步，运用KSA能力模型找出需要掌握的知识、锻炼的技能和端正的态度。

第一章 规划力：有效拆解，锁定学习目标

2. 解构问题解决需求的学习目标

基于问题解决需求的学习目标的解构可以转化为能力提升需求的学习目标的解构。

因为问题产生的原因，往往可以被初步分解为能力因素和非能力因素。能力因素部分，可以通过学习弥补短板，我们可以直接套用前面能力提升需求的学习目标解构方法；非能力因素部分，则无法通过个人或者组织的学习来改善，如人的基因偏好、国家经济环境、传统文化氛围、公司岗位特性等，这些并不在学习目标的范围内，自然不需要进行学习目标的解构工作了。

那么，问题解决需求的学习目标如何转化为能力提升需求的学习目标呢？很简单，我们先对产生这个问题的原因进行拆解，再针对每一个原因进行能力需求的分析即可。

因此，在整体上问题解决需求的学习目标解构图（见图1-7）和能力提升需求的学习目标解构图类似，只是多了一个原因项：将问题产生的原因按照能力因素和非能力因素进行区分，然后针对不同的能力因素给出特定原因需要的能力 1~N。分项能力项和 KSA 项内容的确定，则与能力提升需求学习目标解构中的一致。

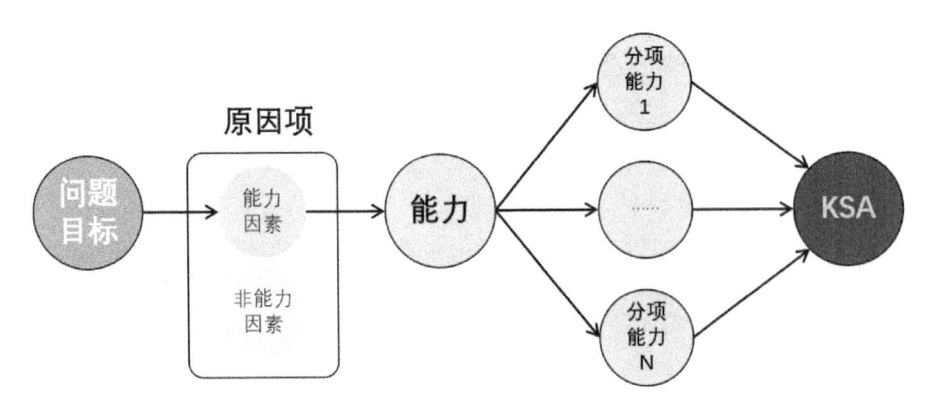

图 1-7　问题解决需求的学习目标解构图

比如，Tom 针对自己面临的问题制定了一个学习目标：在一个月内解决销售团队离职率高、业绩不佳的问题，将离职率控制在 10% 以内，业绩提升 5%。Tom 认为问题的根本原因是销售团队的管理能力不足。你看，这样就将问题解决需求转为能力提升需求了。之后的工作就可以套用我们前面讲的自己解构、总结或者借鉴框架进行拆解，对分项能力进行解析以及准确的描述，最终按照 KSA 能力模型，确定需要学习的关于提升管理能力的知识、技能和态度。

3．解构岗位提升需求的学习目标

同样，基于岗位提升需求的学习目标的解构也可以转化为能力提升需求的学习目标的解构。

它的分解方式是，先将岗位提升目标拆分成达到目标必须完成的关键任务 1~关键任务 N，只要完成这些关键任务，岗位提升也就水到渠成了。而完成任务是需要工作能力的，如此一来，岗位提升的学习目标通过任务的拆分，就转化为能力提升需求目标了（见

第一章 规划力：有效拆解，锁定学习目标

图 1-8）。

所以，岗位提升需求的学习目标解构图和能力提升需求的学习目标解构图也是类似的，只是多了一个针对岗位目标的任务分析项，进而每个关键任务对应每个能力，每个能力又对应一个或者多个分项能力，最终通过这些分项能力确定 KSA 项内容。

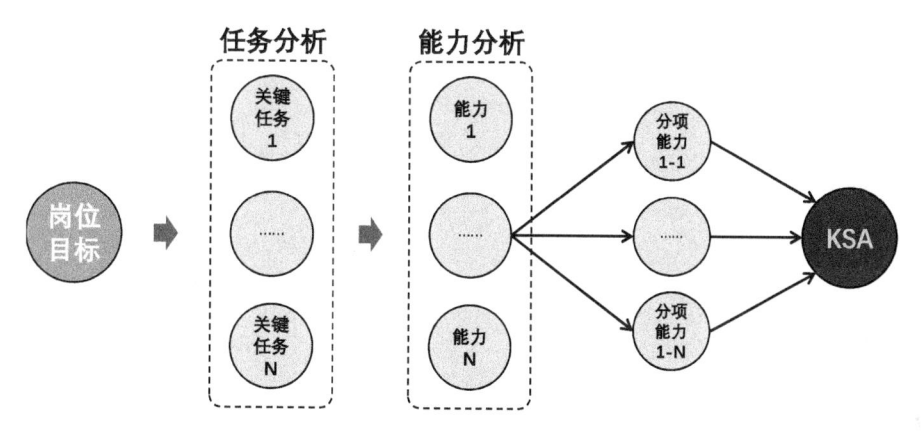

图 1-8 岗位提升需求的学习目标解构图

下面我们举个例子。

Jason 的职业目标：用一年时间，通过竞聘，获得公司认可，成为高级客户经理。他认为，关键任务有四个：获取客户、达成合作、贷后管理以及客情维护与需求深挖。只要这四个关键任务能完成得比较好，这个岗位目标就可以达成。

Jason对关键任务做了详细的描述，分析了完成关键任务所需的能力。比如，寻找客户的能力、挖掘客户需求的能力等，并且对能力做了再次分解，细化成基础的个人能力，最终得出了自己的KSA能力模型。

到这里，"解构能力定内容"的学习就结束了。

第一章 规划力：有效拆解，锁定学习目标

简单回顾

我们认识了目标解构的重要性，学习了 KSA 能力模型的含义，以及如何将源于能力提升需求、问题解决需求和岗位提升需求的学习目标解构为相关知识、技能和态度方面的学习内容。

第三节
分配资源定计划：如何学

一、时间，最重要的学习资源

对学习来讲，可能没什么比时间更重要了。

2011年上映的科幻电影《时间规划局》引发过关于生命、亲情、爱情、人生意义等多方面话题的持续讨论。《时间规划局》之所以成为一个现象级的科幻电影，根本的原因在于，这部电影对时间概念进行了非常巧妙的设计（见图1-9）。

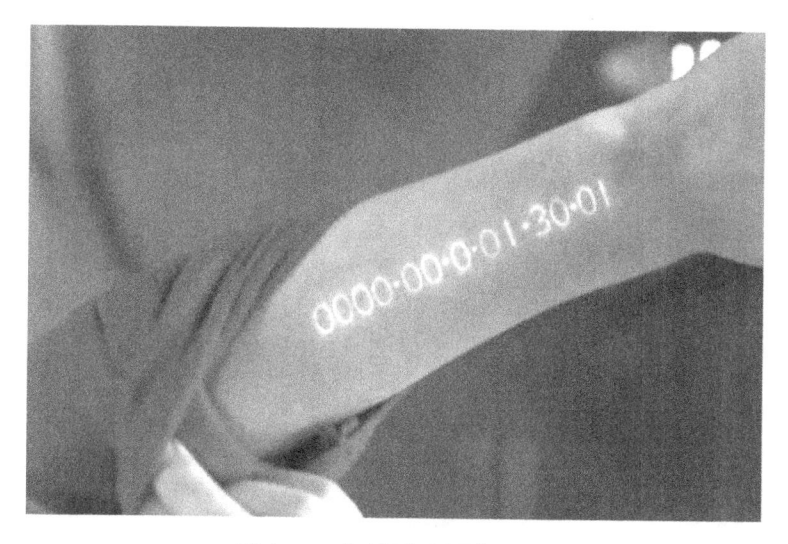

第一章 规划力：有效拆解，锁定学习目标

图 1-9 《时间规划局》片段

电影发生的背景设计在遥远的未来，人类在那时已经可以随心所欲地操控时间、改写年龄了。在这个虚构的未来世界，人类的遗传基因被统一设定为只能天然存活 26 年。一旦到了 26 岁，如果没有获取额外时间，就会立即死去。而唯一继续存活的方法就是通过各种途径获取更多的时间（如工作、借贷、交易、变卖，甚至抢劫），时间就这样成为这个世界的流通货币。可以想象，如此一来，这个世界就出现了拥有大量时间的富人和拥有极少量时间的穷人。

类似银行这样金融管理机构的时间管理机构遍布全球，而时间守护者会像警察一样追踪并记录每个人使用的时间和剩余的时间。富人可以长生不老，穷人的生存则变得无比艰难，手臂上数字的清零代表着一个人的死亡。

在这部电影中，对我冲击最大的画面是，主人公威尔的母亲工作了一天，仅仅因为乘坐公交车的消耗时间从 1 小时"涨价"到 2 小时，只能选择跑步回家，最终在距离威尔两三米的地方耗尽了时间，死在了威尔的怀里。这个画面让我真切地意识到"生命无价、时间无价，人生真的需要规划"。而学习作为"终身学习者"一生中最重要的组成部分之一，更加需要规划。

二、路径，最直观的资源规划

那么，我们究竟应该怎么规划自己的学习活动，才能最大程度地利用时间呢？这里，我先给大家分享一个概念：学习路径图。它是摩托罗拉大学、通用电气公司等众多世界 500 强公司都在使用的企业级学习管理工具。

学习路径图通常被应用于以职业技能发展为主轴而设计的一系列学习活动中，它能够直接体现员工在企业内的学习路径。在一系列学习活动中，既包括传统的课堂培训，又包括其他诸多多元的学习方式，如岗位实践、教练与辅导分享、担任内部讲师等。

学习路径图的底层逻辑是对员工的学习活动进行排序，从而使员工胜任任何工作任务，稳定地达到一个预先制定的标准。通过学习路径图，一名新员工可以找到自己从进入企业作为新人开始，直至成为企业内部专家的学习发展路径。在企业中，根据不同的专业分工，可以设立不同的学习路径图，如销售人员学习路径图、生产人员学习路径图等。

第一章 规划力：有效拆解，锁定学习目标

在学习路径图中，最重要的部分就是对学习时间的规划。比如，在某公司销售人员的学习路径图（见图 1-10）中，我们可以看到，新晋销售人员需要经历 5 个阶段的学习。其中第 1 阶段的学习方式是 36 小时的培训和 48 小时的练习。第 2 阶段安排了 24 小时的培训和 70 小时的练习。在第 3、第 4 阶段中，除了各自 12 小时的培训，第 3 阶段 80 小时、第 4 阶段 48 小时的练习，还各自增加了 24 小时和 30 小时的分享。分享可以在论坛或会议中进行，也可以以讲师或教练的身份进行。这时，这位员工已经成了高级销售，掌握了大量的基础知识，所以在第 5 阶段就不需要培训这个学习活动了，只进行 48 小时的练习和 30 小时的分享就可以了。

再比如，在某商业银行对公客户经理学习路径图（见图 1-11）中，技能发展按照初级、中级、高级被划分为三个阶段，但它和前面销售人员的学习路径图不一样的地方在于，它的学习难度按照级别同程度提高（在关键动作中可见，每提升一级增加三个难度。），所以每个阶段的资料自学、培训学习和作业实践所分配的时间都是 5 天、3 天和 28 天，只在最后总结评鉴处存在一些变动，从初级、中级的半天提高到 1 天。

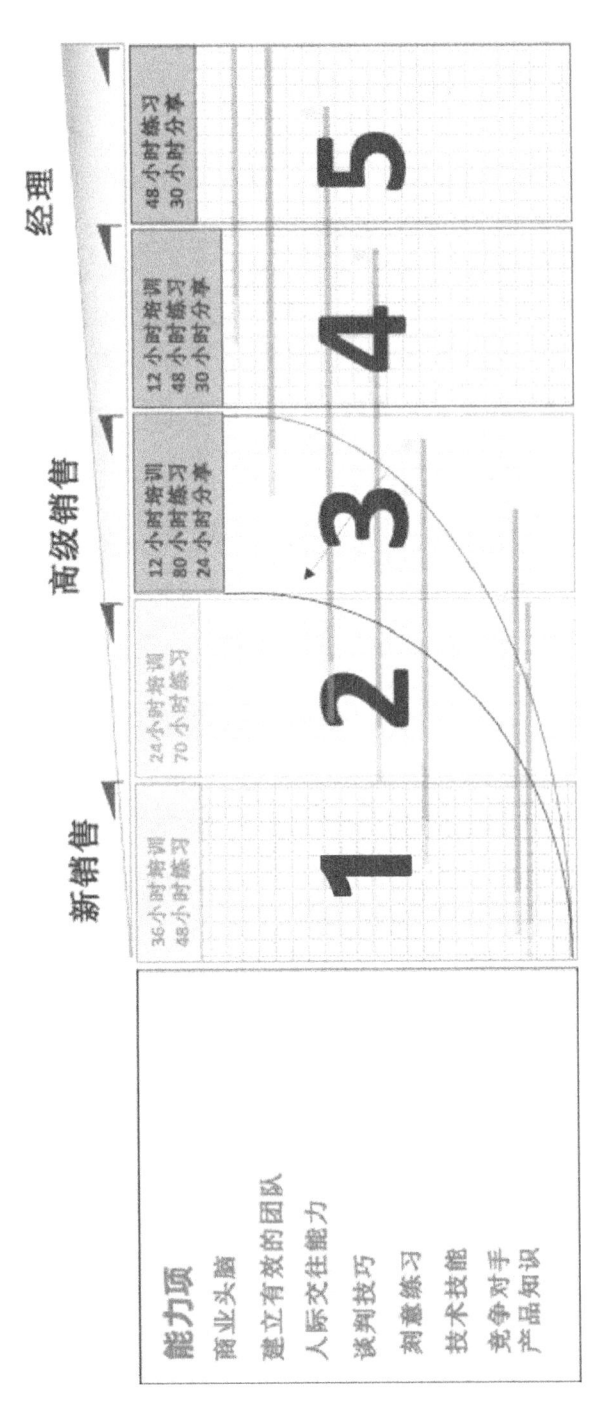

图1-10 某公司销售人员的学习路径图

能力项	新销售	高级销售		经理	
	36小时培训 48小时练习	24小时培训 70小时练习	12小时培训 80小时练习 24小时分享	12小时培训 48小时练习 30小时分享	48小时练习 30小时分享
商业头脑	1	2	3	4	5
建立有效的团队					
人际交往能力					
谈判技巧					
刻意练习					
技术技能					
竞争对手					
产品知识					

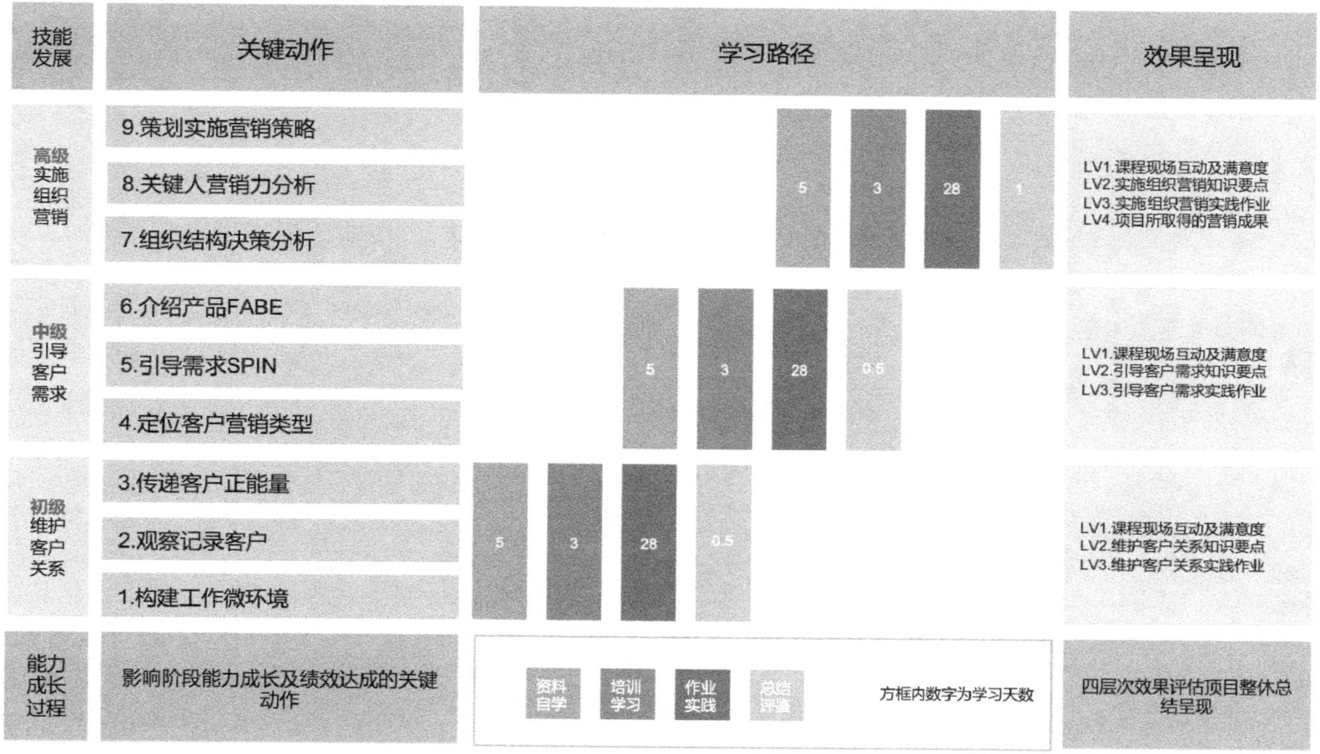

第一章 规划力：有效拆解，锁定学习目标

图 1-11 某商业银行对公客户经理的学习路径图

总之，无论是销售人员还是银行对公客户经理的学习路径图，似乎都在刻意地对几种学习活动（培训、练习、分享）进行时间和精力上的分配，培训和分享各占了一小部分时间，练习占了大部分的时间。员工只需要依照学习路径图的要求按部就班地参与学习和考核，就一定能够成功。这背后，有一个经典的学习法则：著名的721学习法则。

普林斯顿大学创造领导中心的摩根·迈克尔在《构筑生涯发展规划》中提出了721学习法则，它是现在很多大学和企业在培训以及制定员工学习路径图时依靠的法则。这个法则是摩根观察了很多人的学习效果之后得到的一个结果。

721的含义

70%的学习成效来自自身的学习经验、工作经验、生活经验。

20%的学习成效来自非常规培训。比如，观察周围优秀的同事和导师，以他们为榜样。

10%的学习成效来自正规培训。比如，读书、单位组织的各种培训等。

通过前面例子中的学习路径图，我们可以清楚地看到，企业为员工制定的学习活动不是单纯地参加在教室的课堂培训，总体而言，它们是由培训、练习和分享三个部分构成的，其核心内容远远超越了课堂培训。其中，练习约占70%，具体包括：接受一项任务，如领导一个项目组，在岗实践或自我练习，使用工作手册，接受教练、辅导、环境熏陶等；分享约占 20%，具体包括：在论坛或会议中分享，以讲师或教练的身份分享；培训约占 10%，具体包括：参加内外部的课堂培训、在岗培训、阅读专业书籍和刊物、参加专业会议等。

值得注意的是，721 学习法则是一种指导性原则，并不是硬性规定，企业和个人都可以按照实际的学习内容进行细微的调整。就像前面举的两个学习路径图的例子一样，他们设定的学习时间分配并不是严格的 721 结构，而是 7：2：2 和 7：2：0.17。

三、制表，最有效的规划呈现

那么，当学习了学习路径图以及 721 学习法则之后，我们该如何按照自己的学习内容进行规划呢？

本书提供给大家一个利用 721 学习法则进行规划的学习规划表（见表 1-1）。

表 1-1 学习规划表

学习内容	70%			20%	10%
	在岗实践	辅导他人	被辅导	课堂培训	自主阅读
K	$K_1 \sim K_N$				

续表

学习内容		70%	20%		10%	
		在岗实践	辅导他人	被辅导	课堂培训	自主阅读
S	$S_1 \sim S_N$					
A	$A_1 \sim A_N$					

在这个学习规划表中，学习内容是我们前面针对学习目标解构后，确定的 KSA 项。基于 KSA 的内容，分配 70%的在岗实践时间，20%的辅导他人和被辅导时间，以及 10%的课堂培训和自主阅读时间。

我们举个例子帮助大家理解一下。

比如，某位同学给自己制定的目标是提高 PPT 图表处理和使用能力。首先，这个目标有什么问题？它没有符合 SMART 原则，因为清晰的目标是一切学习的关键，我们要把不符合 SMART 原则的目标修改过来。

修改的目标：用三个月的时间，提高 PPT 图表处理和使用能力，能够独立制作包含图片、视频、表格数据的 PPT，并成功进行一次演讲。这才是具体的、可衡量的、可实现的、具有现实性的，以及

第一章 规划力：有效拆解，锁定学习目标

有时限的目标。

之后，按照前面"解构能力定内容"的方法，确定分项能力和学习内容。其中，能力部分被这位同学解构为图表处理能力和图表使用能力两大类，每一类又有细化的分项能力，根据分项能力，确定的学习内容包含知识、技能和态度三个方面：学习认识图表的种类、形式，学习色彩的基本知识、搭配技巧，掌握选择图表、绘制图表、演讲的技能，深入思考，避免随意，保持严谨细致的态度。

根据以上这些学习内容，我们按照 721 学习法则规划后的学习规划表如下。具体如表 1-2 所示。

70%的时间进行在岗实践，独立制作一份包含大量图表的 PPT，使用图表 PPT 进行演讲，使用图表讲故事。

20%的时间准备辅导他人和被辅导的内容，参加 PPT 制作的培训，转训其他同事，观摩精于此道的同事的演讲，请优秀者针对自己的 PPT 提出反馈意见。

10%的时间进行课堂培训和自主阅读，学习 PPT 图表设计，使用 PPT 做演讲，学习 PPT 色彩搭配，学习 PPT 图表的处理和使用的知识。

表 1-2 一次 PPT 图表处理和使用能力的学习规划表

目标能力	分解能力	学习内容	在岗实践 70%	辅导他人 / 被辅导 20%	课堂培训 / 自主阅读 10%
用三个月的时间，提高 PPT 图表处理和使用能力，能够独立制作包含图片、视频、表格数据的 PPT，并成功进行一次演讲	1. 图表处理 • 图表的选择 • 图表的制作 • 图表的配色 • 版面的设计 2. 图表使用 • 使用图表表达 • 使用图表做演讲 • 使用图表讲故事	K • 图表的种类 • 图表的形式 • 绘制图表的方法 • 图表的用途 • 色彩的基本知识 • 色彩的搭配技巧 S • 根据实际需要选择合适的图表进行表达 • 能绘制出常见图表 • 能为图片配置恰当的颜色 • 能使用图表做演讲 • 能使用图表讲故事 A • 深入思考、避免随意 • 严谨细致	• 独立制作一份包含大量图表的 PPT • 使用 PPT 进行演讲 • 使用图表讲故事	辅导他人： • 参加 PPT 制作的培训，转训其他同事 被辅导： • 观摩精干此道的同事的演讲 • 请优秀者针对自己的 PPT 提出反馈意见	课堂培训： • PPT 图表设计 • 使用 PPT 做演讲 • PPT 色彩搭配 自主阅读： • PPT 图表的处理和使用的知识

第一章 规划力：有效拆解，锁定学习目标

到此，我们在开始一项学习活动前的所有规划工作就完成了，我们一起回顾一下。

首先，明确学习需求，设定学习目标。这一步，我们需要先判断学习需求是源于能力提升，还是问题解决，抑或是岗位提升。然后使用 SMART 原则，对我们的目标做一个清晰明确的描述。

其次，解析核心能力，锁定学习内容。我们学习了解构对学习的重要性，认识了 KSA 能力模型，并借助学习目标解构图将需要提升的能力分解为分项能力，从而锁定需要学习的内容，如知识、技能和态度等。

最后，合理分配资源，制订学习计划。这里的资源主要聚焦在时间上。时间的重要性使我们需要按照 721 学习法则的指导，将课堂培训、自主阅读、辅导他人、被辅导以及在岗实践，从时间维度和精力维度做一个合理的拆分，以此将学习效率最大化。

简单回顾

分配资源中最重要的是时间资源，所谓"时间在哪里，成果就在哪里"。而学习的时间究竟应该怎么分配，则需要参考721学习法则来细心规划，通过学习路径图和学习规划表来展现最终的分配方案。

第二章

整合力：
构建模型，掌握知识本质

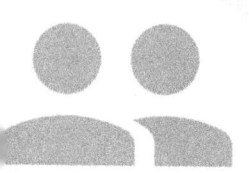

导 入
真正将知识纳为己用的"整合力"

▶▶ 一、我们的学习效率大多低下

曾经有学员与我分享了他的烦恼，他说："李老师，我只有大专学历，经过多年打拼成为中层管理者，为了和同年级、高学历同事缩小差距，我一直不断学习。不仅在知识付费平台上定了很多学习课程，还报了很多培训班、训练营，买了一大摞书籍。但是我总觉得自己并没有取得多少进步，虽然知道的概念越来越多，却不知道到底如何应用它们，而且其他人也知道很多概念，其他人也在成长，甚至其他人的成长比自己还要快。所以，我只能强迫自己定更多的课程，疯狂地收集资料、报培训班、订阅知识类公众号、买书、看书。"

第二章 整合力：构建模型，掌握知识本质

也许不止他一人，很多人都发现，不知从何时开始，一谈学习，必谈焦虑。

那么，焦虑究竟是原本就存在的，还是别人"给"的呢？答案大概率是前者。

在我参加高考那个年代，有一句口头禅在高三学生口中流传甚广，叫作"郁闷"。"郁闷"这个词当时的含义还挺复杂的，它既有高考倒计时的紧迫感，又有对学习、考试的迷茫和焦虑。

如今，"学习焦虑症"已经成为一个医学名词，它被定义为人们在学习时产生的焦虑症状，主要发生于青少年群体中，主要表现为患者一旦进入学习就会产生极度焦虑的情绪，并且伴有头痛、紧张、出汗等一系列表现。

显然，这个定义和我们今天要讨论的成人的学习焦虑不太一样。学生的学习焦虑，多是因为知识太难、不想学习、不想考试，更多的是一种畏惧心理；成人的学习焦虑恰好相反，他们担心自己学不到、学不好、学得少，担心在如今信息爆炸的时代，自己的认知落伍，成为一个落后于时代、落后于周围人的人。

还记得本章开头那位同学的苦恼吗？为了和周围人缩小差距，他不断学习，收集了大量的资料，报了很多培训班，订阅了大量知识类公众号，他买书、看书，甚至成了各个领域的狂人。我们能说他没有学到知识吗？肯定不能，他一定接受了大量的知识和前人的经验，但他依旧焦虑，为什么？

前面写碎片化学习误区的时候，我们一再强调：时间的碎片化是客观现实，我们没办法改变，只能无奈接受。使用合理的方式规划碎片化的时间，可以使单位时间内的学习收获最大化，但我们依旧面临知识碎片化的困境。成人学习焦虑产生的很大一部分原因是，我们学习的知识是碎片化的、不成系统的，我们碎片化地吸收了一个又一个知识点，却缺乏有效整合的方法，看似掌握的知识越来越多，却不理解知识之间的联系，不会分辨知识之间的区别，让杂乱无章的知识点无序地堆积在大脑中，从而导致低下的学习效率。

二、整合力是系统化、可视化能力

整合力可以帮我们应对知识碎片化的问题。

请看下面几张图。

先看第一张图（见图 2-1）。它是结构图的一种画法：把一个总的事物一分为几，然后一层一层地分解，最终呈现出系统性，也呈现出结构性。这张图其实是启蒙运动时期的哲学家达朗贝尔绘制的《人类知识体系图》。达朗贝尔在他所著的第一版《百科全书》的前言中，把根源于理解力的人类知识，理解为围绕着记忆、理性与想象三种能力和历史、哲学与诗歌三门学科的一个体系。有意思的是，如果我们将这幅图画稍做旋转，如逆时针旋转 90 度，就会获得一个类似于"树"形的结构图（见图 2-2）。

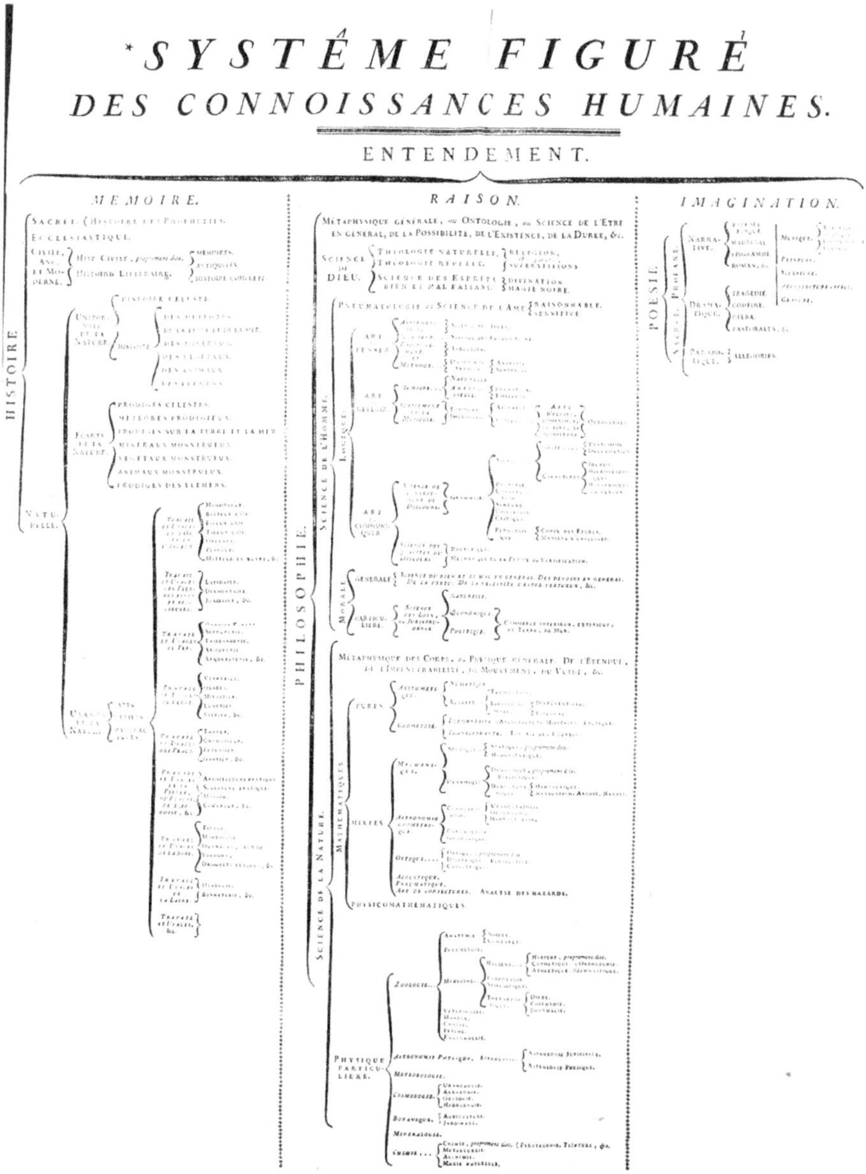
SYSTÊME FIGURÉ
DES CONNOISSANCES HUMAINES.
ENTENDEMENT.
MEMOIRE.
RAISON.
IMAGINATION.
HISTOIRE
PHILOSOPHIE.
POESIE.
MÉTAPHYSIQUE GÉNÉRALE, ou ONTOLOGIE, ou SCIENCE DE L'ÊTRE EN GÉNÉRAL, DE LA POSSIBILITÉ, DE L'EXISTENCE, DE LA DURÉE, &c.
SCIENCE DE DIEU.
SCIENCE DE L'HOMME.
SCIENCE DE LA NATURE.
MATHÉMATIQUES.
PHYSIQUE PARTICULIERE.

图 2-1　《人类知识体系图》

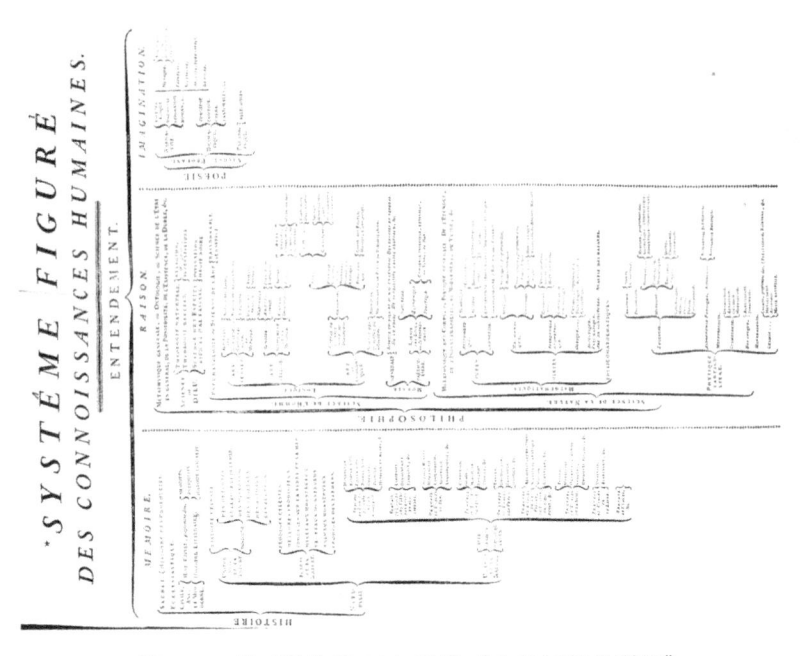

图 2-2 逆时针旋转 90°后的《人类知识体系图》

而达朗贝尔确实把他的人类知识体系图称作一棵百科全书树，把历史、哲学和诗歌这三门学科，称作其分支，这些分支又可加以区分，如历史可分成神圣史、民众史和自然史；哲学可分成形而上学、神的科学、人文科学、自然科学；诗歌可分成神圣的诗和世俗的诗。

我们看完了第一张图和其旋转后的图，大家是否觉得用结构图的方式表示知识体系比自己想象中的简单一些？还没结束，我们再看看第二张图（见图 2-3）。

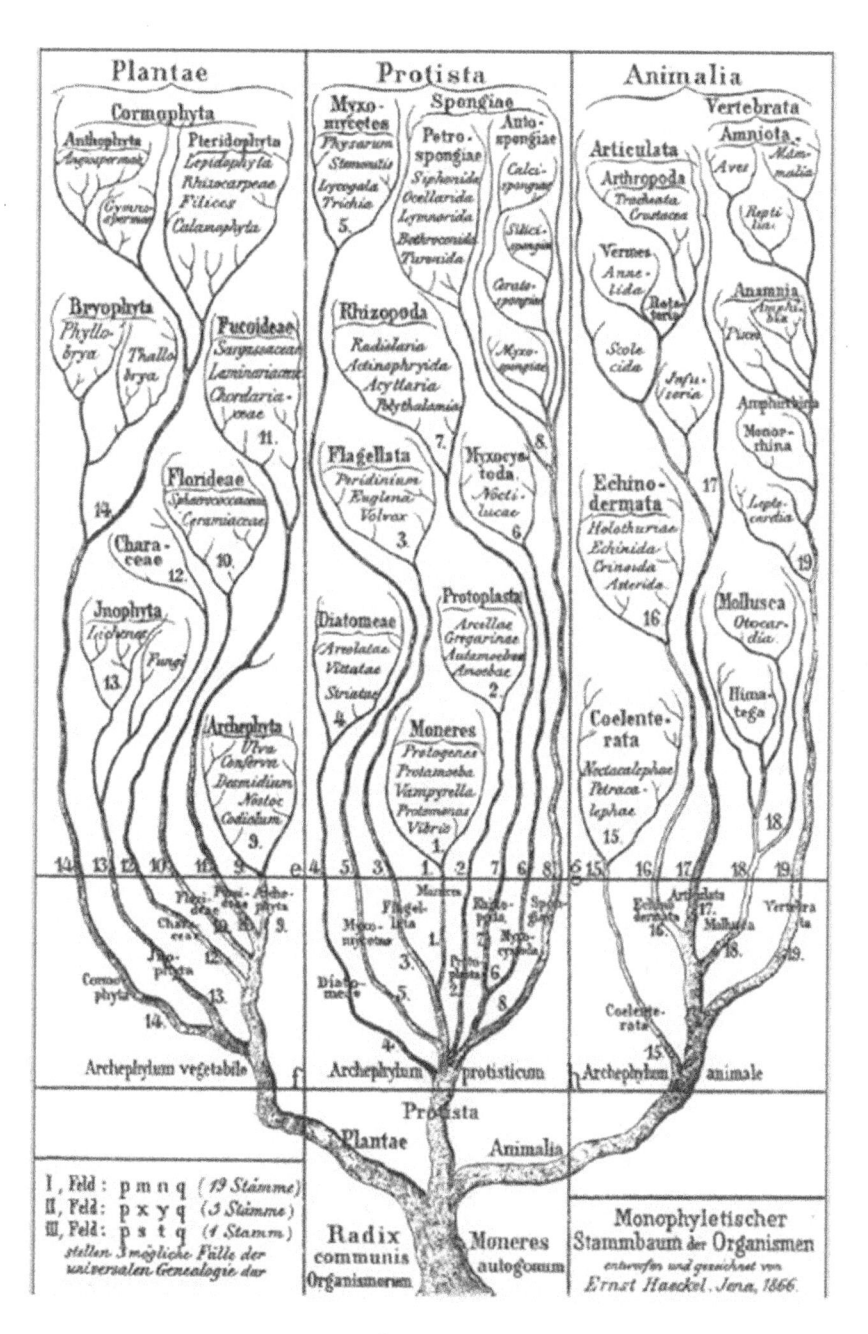

第二章 整合力：构建模型，掌握知识本质

图 2-3 《生命种系演化树》

德国动物学家、进化论者恩斯特·海克尔的生命种系演化树看起来比达朗贝尔的百科全书树更加形象和逼真。因为它完全就像一棵真实的大树一样，具有三个分支，每个分支又有若干小分支，这样一层一层地细分下去，像极了真正树木的结构。海克尔将每枝树干比作每个生命类型，让我们理解和记忆起来变得简单。

而在海克尔的人类谱系演化树（见图 2-4）中，这种形象感和冲击感更加强烈。

这棵树如远古巨龙般，树身犹如"龙身"，从地下最粗且最原始的"无核生物"部分发端，盘曲扭动，挣扎向上，终至最高的顶端——人类；树身两侧犹如"龙爪"的树杈，代表着从"无核生物"至人类的这部生命进化史中，不同物种"万类霜天竞自由"的态势；而那和人类不同，置身于旁支的物种，明显体现出某种无力挣扎却终将被演化淘汰、最终枯萎坠落的命运。

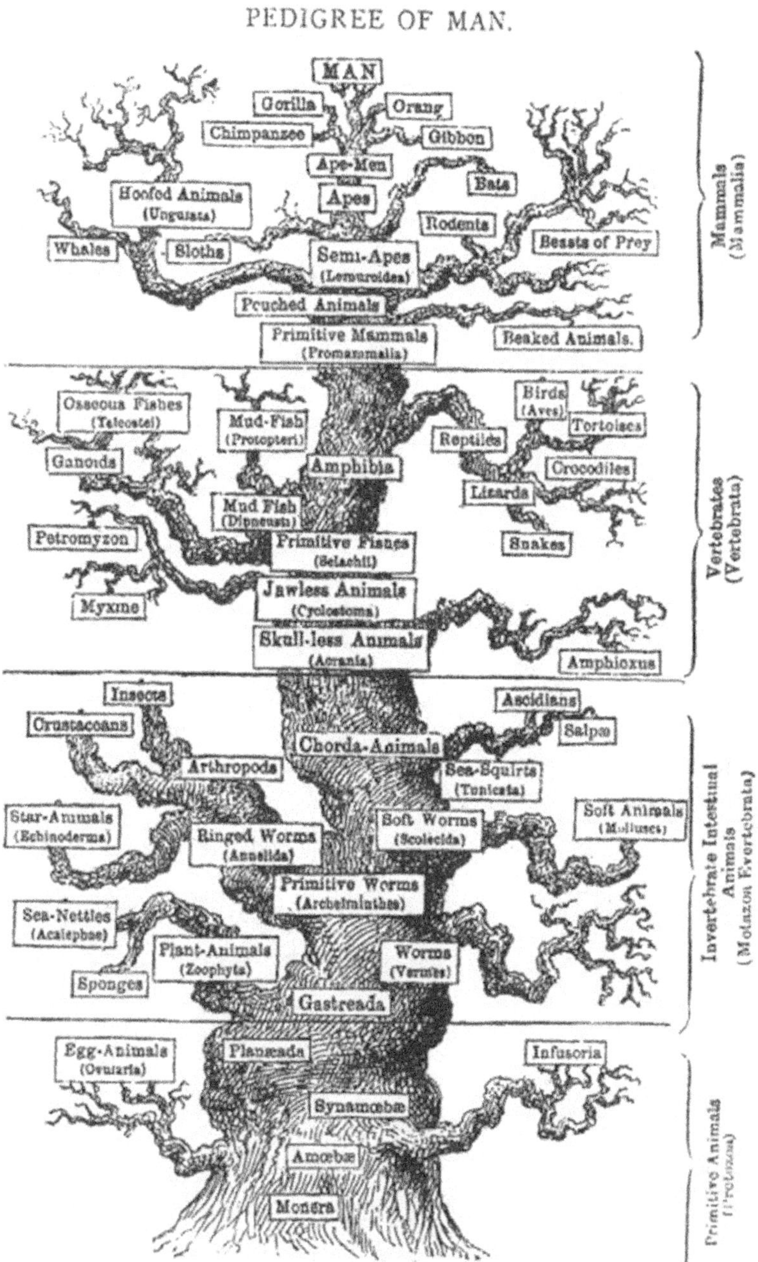
PEDIGREE OF MAN.
MAN
Gorilla
Orang
Chimpanzee
Gibbon
Ape-Men
Bats
Apes
Hoofed Animals
(Ungulata)
Rodents
Whales
Sloths
Semi-Apes
(Lemuroidea)
Beasts of Prey
Pouched Animals
Primitive Mammals
(Promammalia)
Beaked Animals.
Mammals
(Mammalia)
Osseous Fishes
(Teleostei)
Mud-Fish
(Protopteri)
Birds
(Aves)
Tortoises
Reptiles
Ganoids
Amphibia
Crocodiles
Lizards
Mud Fish
(Dipneusti)
Petromyzon
Primitive Fishes
(Selachii)
Snakes
Jawless Animals
(Cyclostoma)
Myxine
Skull-less Animals
(Acrania)
Amphioxus
Vertebrates
(Vertebrata)
Insects
Ascidians
Crustaceans
Salpæ
Chorda-Animals
Arthropods
Sea-Squirts
(Tunicata)
Star-Animals
(Echinoderma)
Soft Worms
(Scolecida)
Soft Animals
(Molluscs)
Ringed Worms
(Annelida)
Primitive Worms
(Archelminthes)
Sea-Nettles
(Acalephae)
Plant-Animals
(Zoophyta)
Worms
(Vermes)
Sponges
Gastreada
Invertebrate Intestinal
Animals
(Metazoa Evertebrata)
Egg-Animals
(Ovularia)
Planæada
Infusoria
Synamœbæ
Amœbæ
Monera
Primitive Animals
(Protozoa)

图 2-4　《人类谱系演化树》

现在，三张图看完了，请问你最大的感受是什么，是否觉得很震撼？

我想说的是，无论是知识体系图，还是百科全书树、演化树，它们都是一种知识系统化和可视化的艺术。这种知识系统化和可视化的艺术可以被我们用来解决知识碎片化的困境。

所以，本书中的整合力就是能够让知识系统化、可视化的能力。

三、理解、重构与呈现

整合力需要整合的素材，那么如何获得这些素材？最主要的学习方法是读书。但是书籍不是知识，它只是知识的客观载体，书籍中的内容才是知识。如果我问你："书籍中所有的内容都是知识吗？"你的回答可能有些犹豫，如果问题再聚焦一下："书籍中所有的内容都对你有用吗？"这次，你的回答可能非常肯定："并不是所有的内容都对我有用。"换句话说，很多知识都是隐藏在内容中的，我们需要小心翼翼地提取出来，做一个深层次的理解，精准的定位和萃取。我们把这一步称为理解，这一步的目标是，隐性知识显性化，结构化萃取知识。

可以说，我们绝大多数人的学习，都只实现了理解这一步。但是，只对知识做提取的结果往往是把知识无序地堆积在大脑中，感觉学了点东西，但具体学了什么说不明白，从而陷入持续的学习焦虑中。所以，我们需要在读书时将所学的知识做一次有机的规整，让我们的知识从一本书跳进另一本书中，找到不同载体间对同一个知识的不同解读，识别知识间的联系。这一步特别关键，可以说它是碎片化学习到系统化学习的分水岭。我们把这一步称为重构，这一步的目标是，显性知识结构化，系统化规整知识。

以上两步工作结束，我们所学习的知识便成了结构清晰、关系明确的系统化知识，但别急，还没结束，我们还需要进行第三步。在这一步中，我们需要根据重构时识别出的知识间的联系，为它们选择合适的图示和简洁的语言。我们把这一步称为呈现，这一步的目标是，结构知识形象化，模型化你的知识。

所以，三步构建学习整合力的完整路径，就是先理解，再整合，最后呈现（见图2-5）。当然，每一步都有具体的方法，我们会在续章节的内容中逐一展开。

图2-5 三步构建学习整合力的完整路径

第一节
理解：隐性知识显性化，结构化萃取知识

▶▶ 一、阅读品质胜于阅读数量

不少读书的牛人，他们的阅读数量无疑成了被崇拜的标签。这种标签有时候真是挺撩人的。在某一年年初的时候，为了奔赴这样的光环，我给自己定的目标是 5 天阅读一本书，半年过去了，读了 20 本书，可回头看读后的效果，并不尽如人意。这让我对读书心生些许困惑——真的需要模仿这种行为吗？这种困惑最终转化成一个简单的问题：阅读品质和阅读数量哪个更重要（见图 2-6）？

第二章 整合力：构建模型，掌握知识本质

图 2-6 面临阅读品质和阅读数量时的不同选择

我问过身边很多读书的牛人，他们多数人的答案是在保证阅读品质的基础上，尽量提高阅读数量。从他们的回答中可以听出来，保证阅读品质是读书的前提，换句话说，他们认为品质更重要一些。

二、提升品质经历四个层次

那么，如何才能提升阅读品质呢？畅销书《如何阅读一本书》将阅读划分为四个层次：基础阅读、检视阅读、分析阅读和系统阅读（见图 2-7）。

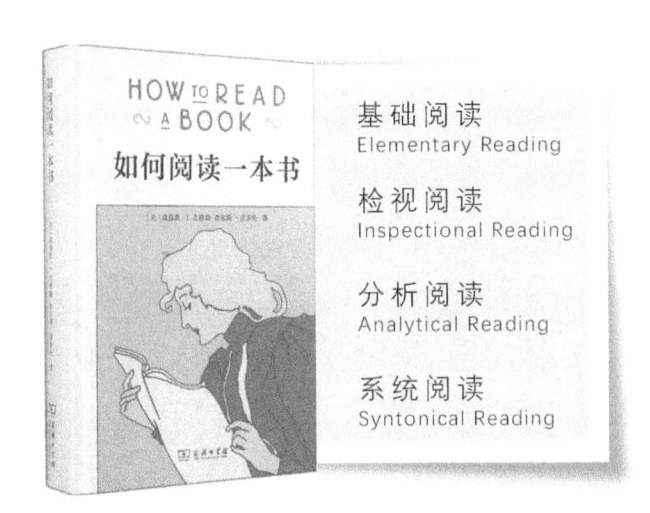

图 2-7 《如何阅读一本书》的封面图片和阅读的四个层次

第一个层次，基础阅读，也就是初级阅读，基础阅读指的是能看懂字面意思就可以，这个不用多说。

第二个层次，检视阅读，简单来说就是阅读理解，快速浏览。

第三个层次，分析阅读，它是比较复杂也是最系统化的层次。分析阅读主要分为三个阶段：了解范围、理解内容和评价。

第一个阶段，了解范围。我们要清楚这本书在谈什么。不要拿起一本书闷头就读，先搞清楚这本书的大致范围再下手。

第二个阶段，理解内容。我们要清楚这本书的作者是如何写出这样的内容的。找到重要的句子标记出来，从这些句子中找出作者的中心思想，用记笔记的方式重新搭建书中的前因后果。

第二章 整合力：构建模型，掌握知识本质

第三个阶段，评价。我们要清楚这本书写得怎么样。读任何一本书都要有评价，要有自己的态度。当你完成了对一本书的评价，才真正完成了对这本书的阅读。

第四个层次，也就是最高层次，系统阅读，简单来说就是按图索骥。照着你自己感兴趣的主题找书阅读。

总之，在《如何阅读一本书》的作者看来，高品质的阅读至少要达到分析阅读的层次。阅读的第四个层次则超出了只读懂一本书的范畴。本章只展开到第三个层次，即如何进行高品质的分析阅读。

三、分析阅读读懂一本书

那么，我们究竟该如何落实分析阅读呢？《如何阅读一本书》的作者在书中这样写道："每本书的封面之下都有一套自己的骨架，作为一名分析阅读的读者，你的责任就是找出这个骨架。当一本书出现在你的面前时，肌肉包裹着骨头，衣服包裹着肌肉，可谓盛装而来。你不需要揭开它的衣服或撕掉它的肌肉就能得到在柔软表皮下的那套骨架，但是你一定要用一双 X 光般的透视眼来阅读这本书，因为那是你了解一本书、掌握其骨架的基础。"

作者口中的"书的骨架"是什么呢？在结构化思维中，它就是结构。所以在本书中，分析阅读等于找出书籍结构的过程。这个层次由四步组成：识别判断、归纳概括、分析评判、画出结构。

结构学习力 | STRUCTURED LEARNING POWER

识别判断要求我们识别书中的事实与观点，判断事实与观点之间，以及观点与观点之间的关系；归纳概括是指用一句话或一段话概括文章段落及章节内容的主旨；分析评判要做的是对作者的观点及推理过程进行分析，并做出取舍和调整；画出结构则是画出文章或章节主要内容的金字塔结构图。

下面我们将分析阅读的每一步展开说明一下。

首先看第一步：识别判断。

我们都知道林肯（见图 2-8）是美国的第 16 任总统，他常被认为是美国最出色的总统之一。他发表了《解放黑人奴隶宣言》，终结了美国的"南北战争"（美国内战）。林肯拥有一项技能，当面对奴隶制和战争等重要议题时，他能够提出问题并仔细审视各方不同的论点，最后做出正确决断。林肯于 1860 年当选为美国总统，当时美国南方实行奴隶制的各州因此在 1861 年相继宣布退出联邦，美国内战由此爆发，这场战争耗时 4 年，南北双方共伤亡 60 多万人。虽然林肯长时间以来一直同意蓄奴合法的南方各州保持奴隶制不变，但随着内战的深入，他认为，既然奴隶制是不道德的，那么全国的奴隶制都是非法的。同时，他意识到在议题中选择立场不仅要深思熟虑，还应该考虑到现实带来的结果。

所以，作为一位国家总统，面临着一旦发动战争，动辄死伤几十万人的后果，林肯的所有判断一定要建立在事实之上，否则，他所背负的巨大责任有可能使他成为历史的罪人。

第二章 整合力：构建模型，掌握知识本质

林肯在做决定时之所以如此决断，很大一部分原因得益于他养成的独立思考的习惯，这背后是一系列关于判断一个命题是否可信的坚实方法。

图 2-8 第 16 任美国总统林肯在发表演讲

我们判断一个命题是否可信，不能只看结论是什么，因为结论是建立在事实或理由基础上的，只有这些事实或理由是正确的、客观可信的，也就是我们常说的"前提是站得住脚的"，这个命题、结论才更加可信。

比如，林肯认为奴隶制是不道德的，这是一个命题，它的前提一定是奴隶的日子非常惨，不人道。如果奴隶每天过得幸福又开心，奴隶制的不道德就要打问号了。

所以，分析阅读的第一步识别判断，就是识别出书中某个命题的前提是什么、结论是什么，并且对于前提是否可信，是否能够支撑结论做一个清晰的判断。

其中，识别考验的是我们对前提类型的判断。前面我们说的事实或理由都可以作为前提，前提又分为描述性前提和规范性前提。比如，北京是中国的首都，这就是描述性前提，是一个基于客观事实的描述；学生应该以学业为主，则是规范性前提，是一种基于主观观点的描述。此外，还有两种前提的形式，分别是采用类比形式，通过比较相似事物间的联系给出信息的类比性前提，以及定义关键术语的定义性前提，简单来说就是某一个词的定义是什么。

判断考验的是我们对结论与前提之间逻辑关系的梳理，对论证过程是否有效的判断。

我们熟知的论证方法有三种，演绎论证、归纳论证和类比论证。

演绎论证，是从普遍性的理论知识出发，识别特殊（个别）现象的一种论证方法。通俗一点来说，就是我们说的三段论：大前提、小前提、结论。举个例子，大前提：所有人都会死；小前提：苏格拉底是人，结论：苏格拉底会死。大前提：鸟会飞；小前提：我是鸟；结论：我会飞。以上就是演绎论证。如果大家了解逻辑学，应该都知道演绎论证。演绎论证的特点是，只要两个前提都是真的，就一定可以得出真的结论，其证明力度为 100%。

第二章 整合力：构建模型，掌握知识本质

归纳论证，它和演绎论证相反，演绎是从普遍到特殊，归纳是从特殊到普遍。举个例子，天下乌鸦一般黑，用的就是归纳论证。一只乌鸦是黑色的，另一只乌鸦也是黑色的，我们就可以归纳出天底下所有的乌鸦都是黑色的。归纳论证的特点是，例子越多，结论越可靠，但可靠性并不都是100%。

类比论证，它算是一种复合论证，兼具归纳和演绎的成分，它是从特殊到特殊的一种论证方法。通过已知事物（或事例）与跟它有某些相同特点的事物（或事例）进行比较推理。比如，乌鸦有翅膀、乌鸦会飞，这是一个个例，从这个个例中找到乌鸦的一个特点是有翅膀，我们发现鸵鸟也有翅膀，通过类比论证，我们便得出鸵鸟也会飞的结论，但显然，这个结论是错误的。

所以，归纳论证和类比论证的前提即使为真，结论也不一定为真。换句话说，从论证效力上来讲，演绎论证要强于归纳论证和类比论证。

所以，当我们识别完一本书局部的事实和观点之后，就要通过逻辑判断一下，什么是前提，什么是结论，作者采用了什么论证方法。

比如，在我们伟大领袖毛主席的著名演讲《为人民服务》中，有下面一段话非常著名，毛主席说："人总是要死的，但死的意义有不同。中国古时候有个叫司马迁的文学家说过：'人固有一死，或重于泰山，或轻于鸿毛。'为人民利益而死，就比泰山还重；替法西斯卖力，替剥削人民和压迫人民的人去死，就比鸿毛还轻。张思德同志是为人民利益而死的，他的死是比泰山还要重的。"

首先，我们一起识别一下，在上述文字中哪些是事实，哪些是观点。

"中国古时候有个叫司马迁的文学家说过：'人固有一死，或重于泰山，或轻于鸿毛。'"这是事实，司马迁是否说过，查查资料就能验证。

"为人民利益而死，就比泰山还重；替法西斯卖力，替剥削人民和压迫人民的人去死，就比鸿毛还轻。"这是毛主席的观点。

"张思德同志是为人民利益而死的。"这是毫无争议的事实。

"他的死是比泰山还要重的。"这是毛主席的观点。

识别完事实和观点，我们来判断一下，什么是前提，什么是结论。

上述这段文字的结论很明显是最后一句"他的死是比泰山还要重的"。这是毛主席的观点。那么毛主席给出的前提是什么？"中国古时候有个叫司马迁的文学家说过：'人固有一死，或重于泰山，或轻于鸿毛。'为人民利益而死，就比泰山还重"这段话构成一个前提，"张思德同志是为人民利益而死的"这句话构成另一个前提，两个前提共同推论出张思德同志的死比泰山还重。

这是我们前面讲过的哪种论证方式？这是典型的演绎论证。

然后看第二步：归纳概括。

归纳概括的目的只有一个，那就是找出书籍或者文章的主旨句，这个主旨句可以是全文的主旨，也可以是某个段落的主旨。但是，

第二章 整合力：构建模型，掌握知识本质

当我们根据找出的主旨句理解作者的思想时，或者在没有找到特别清晰的主旨句时，我们要学会自己概括和提炼作者的思想，这就是归纳概括。

以下是在这一步我们需要做的。

- 确定某一段的话题是什么——理解作者正在讨论什么问题。
- 确定对有关概念说了什么——理解作者正在说什么。
- 构思一段包含上述所有细节的陈述——用自己的话复述作者的意思。
- 检查一下，看这段陈述（主旨）是否只包括特定段落的信息。
- 考察作者在传递信息、观点或概念时采取的策略。

前面几项都很容易理解，最后一项"考察作者在传递信息、观点或概念时采取的策略"要稍微解释一下，这个策略包含作者对于文章段落的布局和文字的组织两个方面。

文章段落的布局主要看作者放置主旨句或者结论的位置，我们要能明确地找到它。

文字的组织主要包含作者为了阐述主旨所使用的各种策略，这些策略都是为了向读者清晰地传递信息而服务的。比如，作者采用示例的形式，列出某个事物的具体特征、动作，以及自己的观点阐明中心思想；采用比较或反衬的形式，讲述事物之间的相同之处和不同之处等。这些策略大多是我们已经掌握的基础写作方法，本书

特意展示出来，是为了提醒大家在阅读时要刻意识别一下。

到这里，我们就完成了分析阅读的前两步，我们来看看学习成果。

（1）识别出文章的事实和观点。

（2）判断出事实与观点间的论证关系，找出结论句。

（3）归纳概括成自己的语言确保对作者的理解没有偏差。

接下来看第三步：分析评判。

分析什么？评判什么？

分析作者在论证过程中的知识不足与知识错误之处；

评判作者在论证过程中的论证不完整和论证有谬误之处。

（1）说一位作者知识不足，是说他缺少某些与他想要解决的问题相关的知识。

最典型的案例就是达尔文的《物种起源》，其在最初发表时广受质疑的根本原因是，它所处的时代，人们对于 DNA 等遗传物质的机理和作用一无所知，所以无法交叉验证《物种起源》中提到的相关结论。

（2）说一位作者知识错误，是说他的理念不正确。

这样的错误可能来自知识的缺乏，可能远不止于此。不论是什

第二章　整合力：构建模型，掌握知识本质

么原因，他的论点就是与事实相反。比如，二战时期的纳粹德国倡导的种族优秀论，就是一种错误的知识和不正确的理念。以这种理念推导出的一切观点，必然是错误的，历史已经证明了这一点。

（3）说一位作者的论证不完整，是说他并没有解决自己一开始提出来的所有问题，或是他没有尽可能善用他手边的资料，没有看出其间的含意与纵横交错的关系，以及没法让自己的想法与众不同。

比如，有些文章标题是某某食物对人体的好处多、坏处少，可是通读全文之后发现，作者只讲了好处，坏处一点没提。这显然不符合作者原本想要论证的主题，除非它将标题改为全是好处，但如此一来，可能会凸显作者的知识不足或知识错误。

（4）说一位作者的论证有谬误，是说他的推论是荒谬、不合逻辑的。

一般来说，荒谬有两种形态。一种是缺乏连贯性，也就是结论冒出来后，却跟前面所说的理论连不起来；另一种是事件变化的前后不一致，也就是两件事是前后矛盾的。

比如，马基雅维利在他的《君主论》中曾说："所有的政府，无论新或旧，主要的维持基础是法律。如果这个政府没有很好的武装力量，就不会有良好的法律。也就是说，只要政府有很好的武装力量，就会有好的法律。"

简单来说，这个逻辑推理简单来说就是，武装力量好，法律就好。这就是不符合逻辑的谬误。虽然"枪杆子里出政权"，但是政权

和法律是两码事。所以，即使是经典著作，也有可能存在逻辑谬误，需要我们在阅读的时候进行合理的分析评价。

写到这里，一定有人会说："知识不足与知识错误容易评价，毕竟很多知识都是客观存在的，查实一下就好，可是论证就不容易评价了，有没有比较明确的标准来对照呢？"以下五个标准便可以帮助大家对照使用。

清晰性标准——论证是清晰的还是模糊不清的。

可靠性标准——这些前提是否有论据支持。

相关性标准——前提与结论是否相关。

完整性标准——是否存在未阐明的前提与结论。

合理性标准——前提是正确的吗，能支持结论吗？

评价论证的好坏，我们有以上五个清晰的标准，当我们遇到含有论证的内容时，用这几个标准对比衡量一下，如果你得到的答案都是正向的，则说明作者的论证在你现有的认知体系和能力范围内是比较完善的。

分析阅读的最后一步：画出结构。

首先，我们要清楚什么是结构图？本书所指的结构图，就是结构思考力中大名鼎鼎的"金字塔结构图"，它源于芭芭拉·明托的名著《金字塔原理》。金字塔结构图（见图2-9），因形似金字塔而得名，因《金字塔原理》而出名。

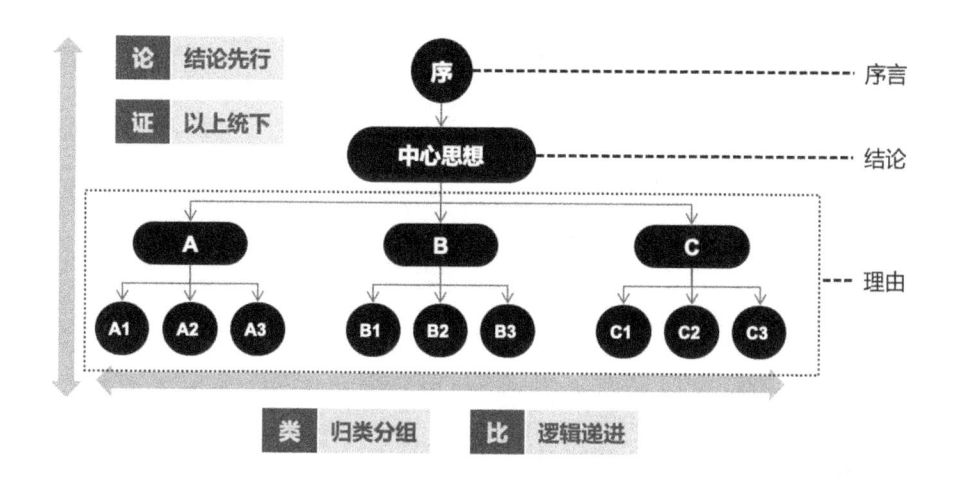

第二章　整合力：构建模型，掌握知识本质

图 2-9　金字塔结构图

金字塔结构图自上而下可分为：序言、结论、理由三大模块。其中，序言也叫铺垫或者背景介绍，结论就是文章或者书籍的中心思想，理由则是作者为了阐明中心思想给出的论据。在理由模块中有很多细小的分支，这些都是支撑理由的子理由。所以，在原则上，金字塔结构图可以设置很多层，直至将一件事情讲清楚。

那么，阅读一本书，为什么要画结构图呢？还记得我们在前文中提到的知识体系图、百科全书树、演化树吗？它们也是结构图的其中一种，结构图所表现出的整合力是系统化和可视化的艺术，它有利于我们对一本书建立更加直观的印象，帮助我们理解和记忆。

最后，如何绘制结构图呢？金字塔结构图的外形非常特殊，特别方便我们记忆，很容易模仿，绘制起来也不是很难。但做到形似是不够的，最重要的是神似。这里的"神"，是指绘制结构图的四个核心原则：论——结论先行，证——以上统下，类——归类分组，比——逻辑递进。

87

结论先行要求我们绘制的金字塔结构中的每个节点都是结论化的语言。比如，图 2-9 中的中心思想、A、B、C，甚至 A1、B1、C1。

以上统下要求所有结论化的语言都是其下一层思想的概括。比如，A 是 A1、A2、A3 的总结，B、C 同理，然后 A、B、C 又共同向上支撑中心思想。

归类分组要求结构图中的每一个独立分支都是同一个类别，共属同一个范畴。比如，A 与 A1、A2、A3 是同一类别的事物，B、C 同理。

逻辑递进则是在归类分组的基础上，要求同一分支下的各个要素之间要符合相应的逻辑顺序。为什么先说 A 再说 B 后说 C 呢？它们是前后顺序关系，还是一个整体的各个部分，抑或是 A 最重要，所以要先强调呢？

总之，金字塔结构是一种立体化的表述形式，它在纵向的深入上需要符合结论先行和以上统下的原则；在横向的发展上需要符合归类分组和逻辑递进的原则。

下面，我将用一本具体的书，带大家完整地走一遍分析阅读的四个步骤，这样，也许我们能够更好地掌握。

我选择的书是在全球畅销超过 200 万册的《影响力》，作者罗伯特·西奥迪尼博士是消费心理学方面的大师。这本书阐述了我们的大脑为了在快节奏环境中迅速做出反应，会按照某些机械的原理做

第二章　整合力：构建模型，掌握知识本质

出下意识的决定。正因如此，他人的举动与言行有时候可以轻易影响我们的思维。而让我们在无意识间受到他人影响的三大心理力量分别是：互惠原理、承诺与一致原理和社会认同原理。

我们要理解并进行分析阅读的是《影响力》的第一章：影响力的武器。大家可以找来这一段文字，和我一起完成分析阅读的过程。

首先，分析阅读的第一步：识别判断。找出这一章作者给出的前提是什么，得出的结论是什么。在这一章中，作者列举了大量的实验、案例和故事，这些素材是作者得出结论的事实。比如，雌火鸡的实验、知更鸟和蓝喉鸟的行为描述、排队复印实验等。基于这些事实性前提，作者给出了自己的观点，也就是结论。例如，作者通过雌火鸡的实验，给出了"大量物种具有盲目而机械的规律性行为模式（固定行为模式）"的观点。

其次，分析阅读的第二步：归纳概括。找出全书或者某个章节的主旨。在上一步识别判断中，我们已经找到了很多结论，这些结论都可以算是章节的主旨。接着，我们通过简单分类就会发现，这三条说的是"人和动物都拥有'磁带'激活的固定行为模式"，那三条说的是"人们能够利用固定行为模式的特点从中渔利"，最后一条说的是"有的人掌握了触发行为模式的规律，并将其作为影响力的'武器'"。看过这一章或全书的同学可能觉得还剩一条，其实剩下的一条结论支撑的是它的上一条结论。这样，我们就得到了作者想要表达的三个方面。这三个方面可以再次向上概括出一个更宽泛的主旨，这个主旨就是《影响力》的第一章作者想表达的中心思想。之

后，这个中心思想就可以和其他章节的中心思想一起，概括出整本书的主旨大意了。

做完前两步，我们来看分析阅读的第三步：分析评判。我们在前文提供了五个分析评判的标准，我们需要按照自己的认知和对文章的理解对应回答，如果每一个回答都是正向的，则说明作者在这一章的论证是知识正确、丰富，论证完整、无谬误的。不过我们强调过，作者写得究竟好不好，还与我们自己的认知水平相关。有可能作者写得好，但我们误以为有问题；有可能作者写得不好，但是我们看不出来。所以，分析阅读能力的基础需要我们努力提升自己的知识储备以及逻辑推理能力。

分析阅读的第四步：画出结构。这一步是让知识可视化的过程，基础工作其实在前面几步已经做完了，我们第一步识别的前提和结论，就是金字塔结构的底层素材；第二步进行了归纳概括，最终得到了一个章节的中心思想。我们使用最简单的方框和节点把它们连接起来，就得到了一张非常形象的金字塔结构图（见图2-10）。

这张金字塔结构图用非常简单的语言和线条，把一万多字的信息清晰地展示出来，这就是知识结构化、可视化的魅力。

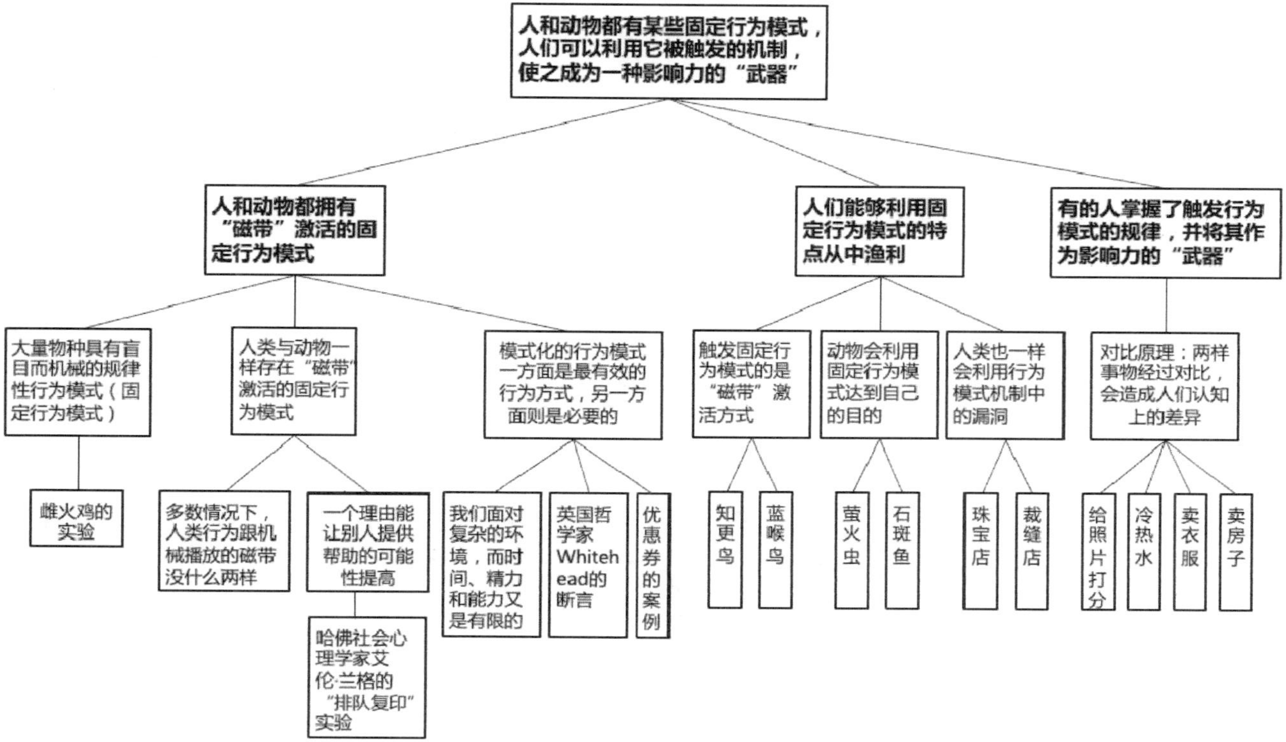

第二章 整合力：构建模型，掌握知识本质

图 2-10 基于《影响力》第一章的金字塔结构图

> **简单回顾**
>
> 畅销书《如何阅读一本书》将阅读划分为四个层次：基础阅读、检视阅读、分析阅读和系统阅读。落实分析阅读的过程等于找出书籍结构的过程，这个环节由四步组成：识别判断、归纳概括、分析评判、画出结构。

第二节
重构：显性知识结构化，系统化规整知识

一、知识的本质是经验的联结

有两个英文单词的含义是有相似之处的，Knowledge 和 Experience，直接翻译出来，分别是知识和经验。

问大家个问题："你觉得知识重要，还是经验重要？"很多人可能回答："都重要。"没错，确实都重要，但大家还记得我们在讲学习的误区时谈到的"知识就是力量"吗？当时我们说："知识想要产生力量，就要被人应用于实践之中，储存在大脑中的不可见的知识本身，可算不上力量。"这个实践过程，其实就是 Knowledge 向 Experience 转化的过程，是积累经验的过程。在这个过程中，单一的知识是无法发挥效用的，除非我们能将之与我们过去累积的其他

知识加以联结。

有人以漫画（见图 2-11）的形式，清楚地将 Knowledge 和 Experience 之间不那么容易理解的概念，也就是单个的、碎片化的知识与彼此联系的、系统的经验之间的差别，直观、形象地展示出来。许多优秀的作家、艺术家或科学家都曾谈论过收集知识的重要性，但他们更在意的是将每个知识、想法视为一个点，想办法加以联结产生更有创意的想法。

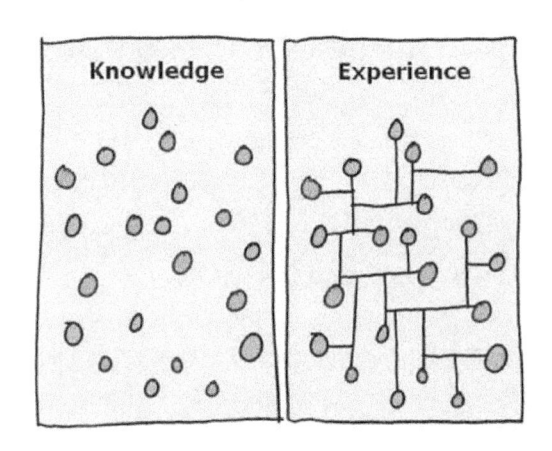

图 2-11　Knowledge 和 Experience 的区别

苹果公司联合创始人史蒂夫·乔布斯曾说："创造力就是把事情连联起来。"当你问有创意的人他们是怎么办到的时，他们会感到有点心虚，因为他们并不是真的在发挥创意，他们只是看到了某些东西并把它们联结起来。能稳步地将知识与想法做出联结的秘诀就是经验。因为有了经验，便能将知识加以联结并综合成全新的事物。而某些人能轻松产生联结的原因是他们拥有更多的经验，或者他们比其他人更懂得运用过去的经验。

二、系统思考实践的五个阶段

总之，在碎片化知识之间建立联结的过程，其实就是系统化学习和思考的过程。这个过程不可能是一蹴而就的，系统思考专家丹尼尔·科姆提出了成为系统思考实践者的五个阶段：初学者、合格的初学者、成长中的系统思考者、熟练的系统思考者和系统思考专家（见图2-12）。

图2-12　成为系统思考实践者的五个阶段

初学者

- 对系统思考专业领域有初步认识，尚不了解专业学科知识全貌；

- 在指导下，可以根据规范生疏地使用相关技术；

- 依靠对概念和思想的纯理性认识，无法清晰地看清问题，更无法对问题进行深入分析。

合格的初学者

- 对系统思考专业领域有更多的认识，并清楚自己在整个学科知识上的欠缺；

- 在一些真实场景下可以初步进行简单的操作；

- 对于研究过的案例或相似情况，可以按照规定的步骤执行。

成长中的系统思考者

- 对系统思考专业领域的系列知识有了全面的理性接触；

- 不再简单地按照规则和程序行事，能根据环境变化对技术方法做相应调整；

- 实践经验依然缺乏。

熟练的系统思考者

- 在各种环境下，通过持续不断地实践，获得直接经验，不断提高应用技能；

- 对问题有了全面把握，可以运用专业工具和方法熟练地处理各种情况（仍处于刻意阶段）。

系统思考专家

- 能打破常规，超越目标；

- 达到经验与技能内化，甚至无意识化的水平。

大家可以对照一下，针对你正在学习的项目来说，目前的你处于哪一个阶段呢？有调查显示，超过90%的学习者都集中处在前两个阶段，也就是刚刚对系统思考和系统学习有了初步的认识，并且清楚自己在某些知识上有所欠缺，期待有所提升的阶段。

那么，我们如何才能摆脱初学者，向系统思考专家前进呢？

⏮ 三、在不同书籍之间建立联系

虽然方法很简单，但做起来不那么容易。前面在讲分析阅读的时候，我们讲了阅读品质比阅读数量重要，同时强调，在保证阅读品质的情况下尽量提高阅读数量，这就是系统学习的方法之一：在不同书籍之间建立联系。

在计算机术语中，有一个词叫作"遍历"，这个术语解释起来比较拗口，通俗点理解就是，把某个集合中的数据全部访问一遍（见图 2-13）。

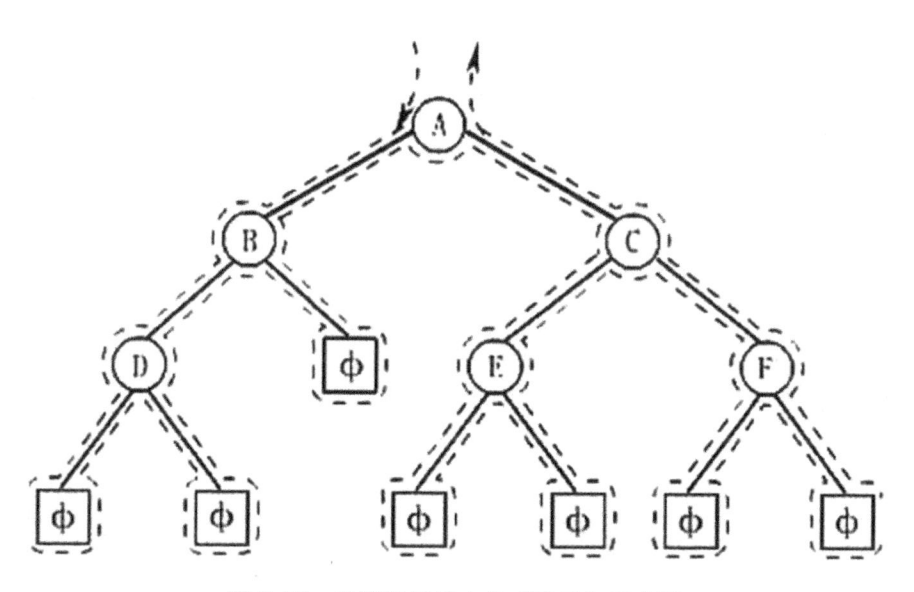

图 2-13 计算机系统中的"遍历"示意图

引申到个人的系统学习上，则是将学习方向和学习领域内人类既有的信息和知识都看一遍（见图 2-14），这当然是个理想状况，因为我们强调的是尽量多看。在这个过程中，我们就能判断自己是否真的掌握了这个方向和领域内的大部分内容，是否有我们之前遗漏的内容。

遍历可以针对一个大的领域，也可以针对某个小的局部。如基于工作中具体的某个点，我们可以做遍历，我们需要把这个点做深、做透，这个过程可能需要很多本书，它是一个艰难的过程。

过程虽然艰苦，但遍历的好处非常明显。

第一，它可以让我们对自己的真实能力与所在行业的位置有正确的定位。当你在遍历的过程中发现很多内容根本没听说过、完全不了解的时候，你就会更有动力去学习，也更加清楚自己该学什么。

第二，它可以帮助我们查漏补缺。在认为自己已经掌握了大部分的知识时，它能帮助我们找到弱点和缺点，使我们有的放矢地完善自己的知识体系和结构。

第三，它可以帮助我们形成行业或领域的直觉。直觉的形成来自我们对于行业或领域的全面了解，这个了解包括新闻、人物、案例、机构甚至笑话段子，遍历能够让我们看到这些内容。

那么，我们应该如何执行遍历呢？光是同一个知识领域的书籍就已经无穷无尽了，我们应该如何选择书籍，选择之后，应该如何阅读？每一本书都精读、细读，完整按照分析阅读的四个步骤读，显然是不可能的。我们必须有一套遍历的"组合拳"。

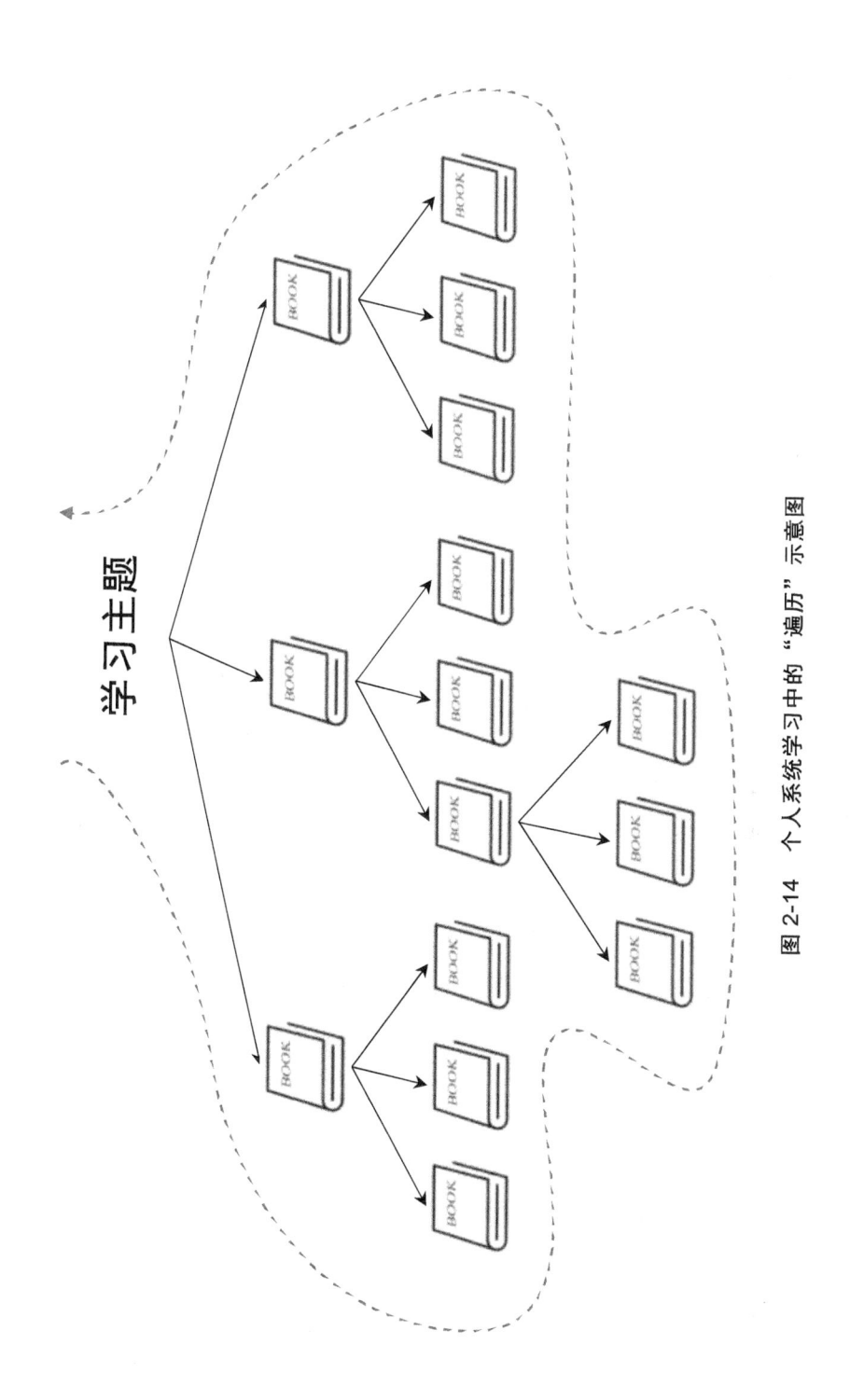

第二章 整合力：构建模型，掌握知识本质

图 2-14 个人系统学习中的"遍历"示意图

99

本书这套组合拳，就是"重构四步骤"。

第一步：建立框架，根据721学习法则中的学习主题建立学习目标知识结构图。

第二步：收集素材，根据学习目标知识结构图寻找内容（书籍或文章）。

第三步：提取内容，针对选定的内容进行分析阅读，形成相应的知识结构图。

第四步：规整融合，结合自身原有知识和新知识，整合形成完整结构图。

下面，我们展开讲讲这四个步骤。

第一步，建立框架。

大家一定会问："我不会搭建这个知识结构图怎么办？"其实很简单，它就是我们学习规划表中一些内容的体现。

我们以前面说的学习PPT图表处理和使用能力为例，当时确定的目标是用三个月的时间，提高PPT图表处理和使用能力，能够独立制作包含图片、视频、表格数据的PPT，并成功进行一次演讲（见表2-1）。

基于这个目标，我们的自主阅读主题可以定为PPT图表的处理和使用，组成主题的分项内容，分别对应在表2-1中的分解能力和学习内容两项里。据此，我们得出了学习目标知识结构图（见图2-15）。

第二章 整合力：构建模型，掌握知识本质

表 2-1 PPT 图表处理和使用能力的学习规划表

目标能力	分解能力	学习内容	在岗实践 70%	辅导他人 被辅导 20%	课堂培训 自主阅读 10%
用三个月的时间，提高PPT图表处理和使用能力，独立制作包含图片、视频、表格数据的PPT，并成功进行一次演讲	1. 图表处理 • 图表的选择 • 图表的制作 • 图表的配色 • 版面的设计 2. 图表使用 • 使用图表表达 • 使用图表做演讲 • 使用图表讲故事	K • 图表的种类 • 图表的形式 • 绘制图表的方法 • 图表的用途 • 色彩的基本知识 • 色彩的搭配技巧 S • 根据实际需要选择合适的图表进行表达 • 能绘制出常见图表 • 能为图片配置恰当的颜色 • 能使用图表做演讲 • 能使用图表讲故事 A • 深入思考、避免随意 • 严谨细致	• 独立制作一份包含大量图表的PPT • 使用图表进行PPT演讲 • 使用图表讲故事	辅导他人 • 参加PPT制作的培训，转训其他同事 被辅导 • 观摩精于此道的同事的演讲 • 请优秀者针对自己的PPT提出反馈意见	课堂培训 • PPT图表设计 • 使用PPT做演讲 • PPT色彩搭配 自主阅读 • PPT图表的处理和使用的知识

101

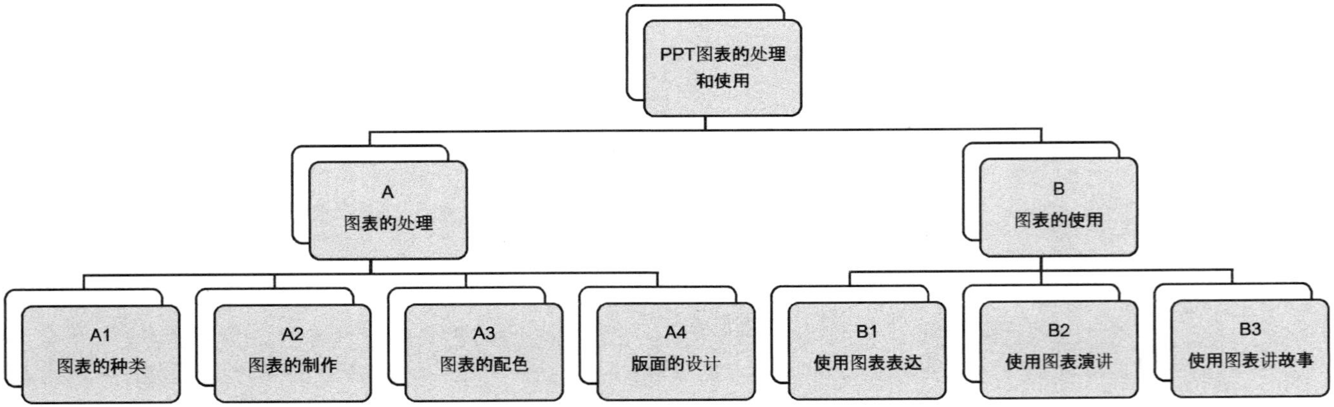

图 2-15　PPT 图表处理和使用的学习目标知识结构图

第二章 整合力：构建模型，掌握知识本质

我们的知识结构图是否完善，取决于我们的学习规划是否完善。

在建立结构图之后，我们进入第二步，收集素材。

简单来讲，这一步需要确定阅读的内容。如书籍、专业刊物、专家文章等（见图2-16）。

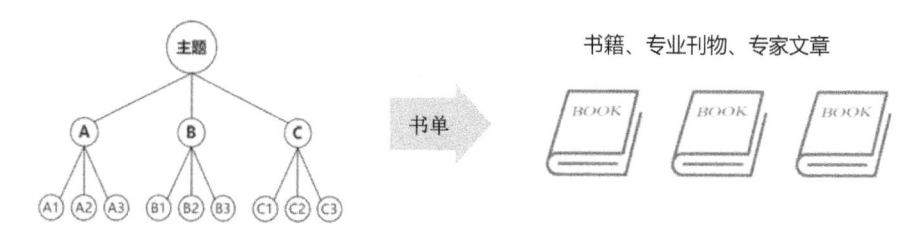

图 2-16 阅读的内容

在前面讲规划力时，我们详细说明了使用721学习法则规划学习的方法，其中一个方法是建议大家拿出10%的学习时间和精力进行课堂培训或者自主阅读。其中自主阅读的内容，要服务于学习目标，根据学习目标分解后的能力需求进行书籍或者资料的选择。这里有两种选择的方式，一种是自己找，在专业书籍目录下自主选择；另一种是直接借鉴他人总结、分享出来的书单。

值得注意的是，虽然两种方式都可以帮我们初步选择阅读的内容，但是它们都必须遵循一个相同的原则：阅读的内容必须在前一步确定的知识结构图中选择，不能超出这个范围，否则就是无效阅读。那么，既然我们有了知识结构图，选择阅读内容便很简单，通过关键字的搜索、读书平台的推荐、专业论坛里的讨论等，就可以确定一系列相关的阅读内容了。

我们继续以学习 PPT 图表处理和使用能力为例，通过自主选择或者借鉴他人的书单，我们确定了与知识结构图对应的需要阅读的书单（见图 2-17）。

《一图胜千言：学会用图表快速表达》这本书可以提供与图表的配色、版面的设计和使用图表表达相关的知识。

《用图表说话：麦肯锡商务沟通全新解读》这本书可以提供与图表的配色和使用图表表达相关的知识；

《演说：用幻灯片说服全世界》这本书可以提供与图表的种类、配色相关的知识；

《用图秀演讲》这本书可以提供与使用图表演讲和讲故事相关的知识。

书单确定完毕，我们进入第三步，提取内容。

这一步耗时最长，对多数人来讲，是最枯燥的一步。因为我们要对书单中的每一本书或者其他的阅读材料进行一次完整的分析阅读。

分析阅读的步骤大家还记得吗？识别判断、归纳概括、分析评判，画出结构。

我们分别对《一图胜千言：学会用图表快速表达》《用图表说话：麦肯锡商务沟通全新解读》《演说：用幻灯片说服全世界》《用图秀演讲》四本书进行分析阅读后，得到了相应的四张知识结构图（见图 2-18）。

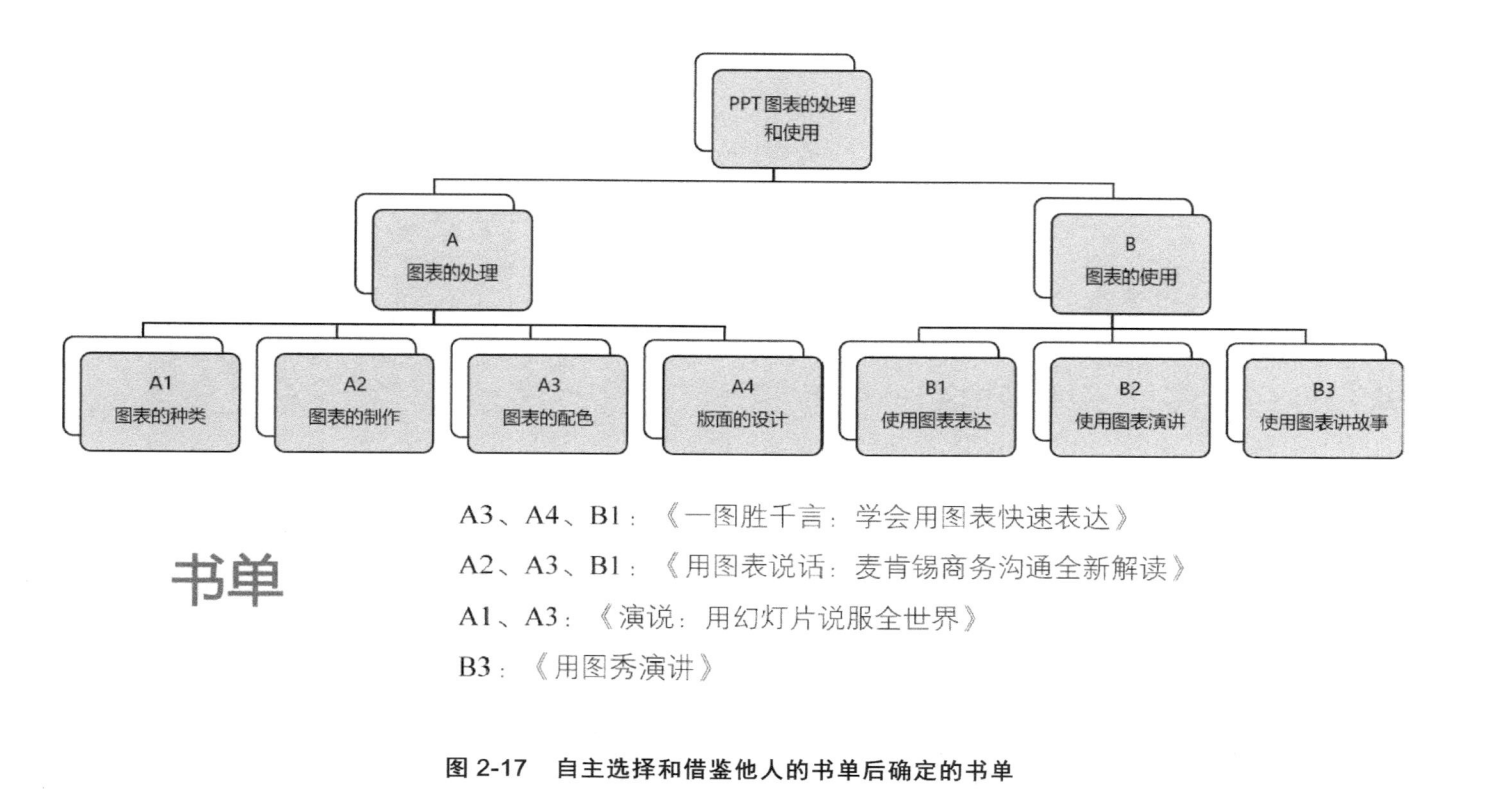

第二章 整合力：构建模型，掌握知识本质

书单

A3、A4、B1：《一图胜千言：学会用图表快速表达》
A2、A3、B1：《用图表说话：麦肯锡商务沟通全新解读》
A1、A3：《演说：用幻灯片说服全世界》
B3：《用图秀演讲》

图 2-17　自主选择和借鉴他人的书单后确定的书单

105

结构学习力 STRUCTURED LEARNING POWER

```
                    一图胜千言：学会
                    用图表快速表达
        ┌───────────────┼───────────────┐
       A3              A4              B1
     图表的配色        版面的设计       使用图表表达
   ┌───┬───┬───┐    ┌─────┴─────┐    ┌─────┴─────┐
  上色的 颜色种类 颜色的 文字的  排列的  箭头及    箭头的  标题的
   目的        选择  颜色  规则   文本框    使用    使用
                              ┌─────┴─────┐
                            箭头的形     文本框的形状
                            状和位置     和间距
```

```
                用图表说话：麦肯锡
                商务沟通全新解读
        ┌───────────────┴───────────────┐
       A3                              B1
     图表的配色                      使用图表表达
   ┌───┴───┐           ┌──────┬──────┼──────┬──────┐
  选择颜色 使用颜色    成分对比 项目对比 时间序列对 频率分布对 相关性对比
         ┌──┬──┬──┐                  比      比
        强调 呼应主题 区分 象征
```

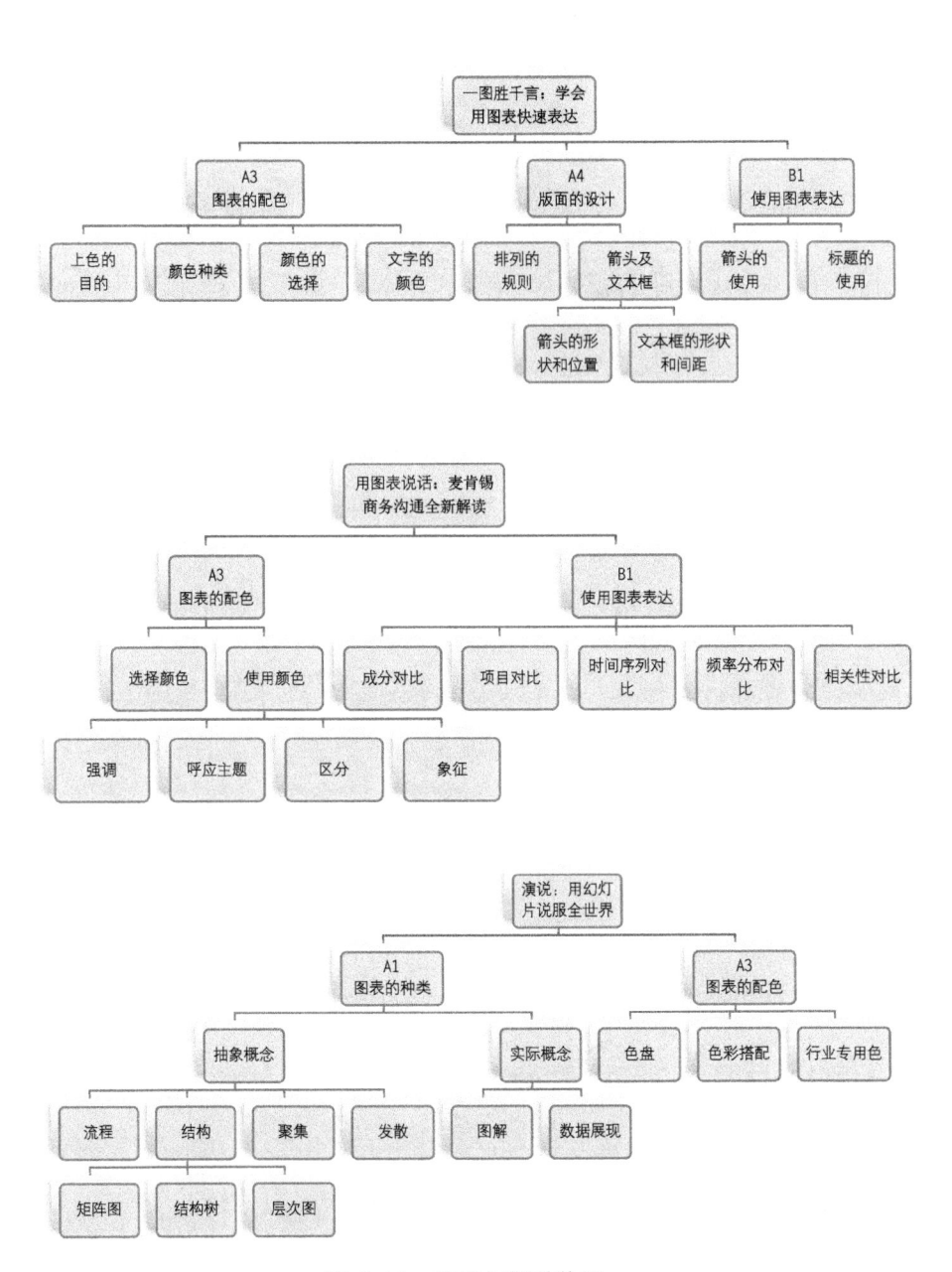

```
                    演说：用幻灯
                    片说服全世界
            ┌───────────────┴───────────────┐
           A1                              A3
         图表的种类                      图表的配色
        ┌───┴───┐                    ┌─────┼─────┐
      抽象概念  实际概念              色盘  色彩搭配 行业专用色
   ┌───┬───┬───┐  ┌───┴───┐
  流程 结构 聚集 发散 图解 数据展现
     ┌──┬──┬──┐
   矩阵图 结构树 层次图
```

图 2-18　四张知识结构图

第二章 整合力：构建模型，掌握知识本质

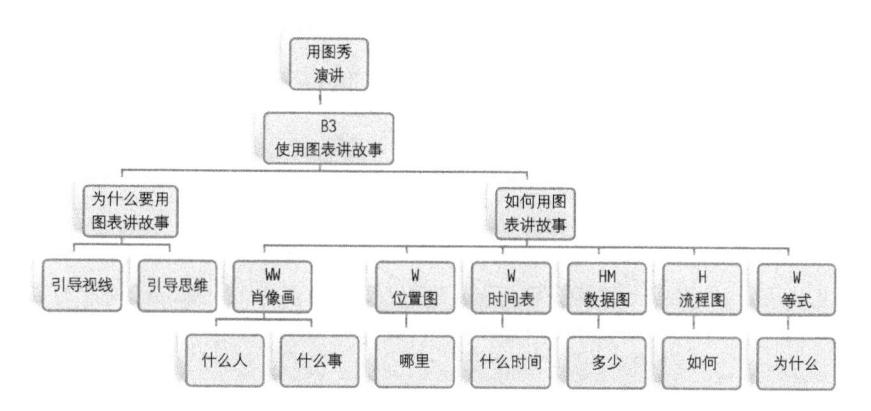

图 2-18 四张知识结构图（续）

值得注意的是，结构图的每一个节点可能只有两三个字，看起来很简短，但是每个节点代表的是这本书中某段的精华内容，我们要时刻牢记这种内在联系。

在分析阅读了四本书，画完了四本书的知识结构图之后，我们将进入第四步，规整融合。

顾名思义，这一步是一个需要多方融合的过程，具体一点讲，就是将上一步分析阅读后多本书的精华内容和框架融合一体的过程（见图 2-19）。

比如，在 PPT 图表处理和使用的例子中，我们每一本书的知识结构图中都有一些与我们最开始制定的知识结构图相关的内容，这些内容在每一个知识结构图中都有非常明显的体现，我们把这些内容进行重组（见图 2-20），就得到了一个全新的知识结构图（见图 2-21）。

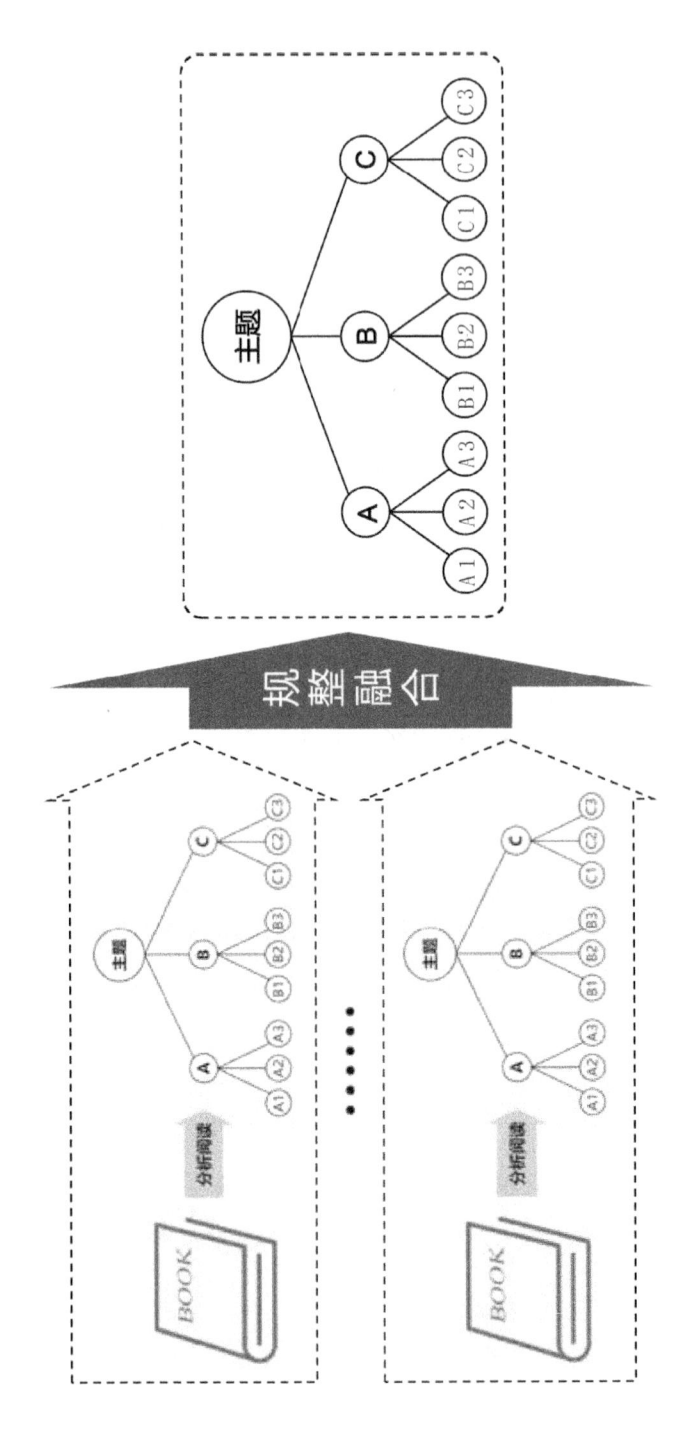

图 2-19 规整融合示意图

第二章 整合力：构建模型，掌握知识本质

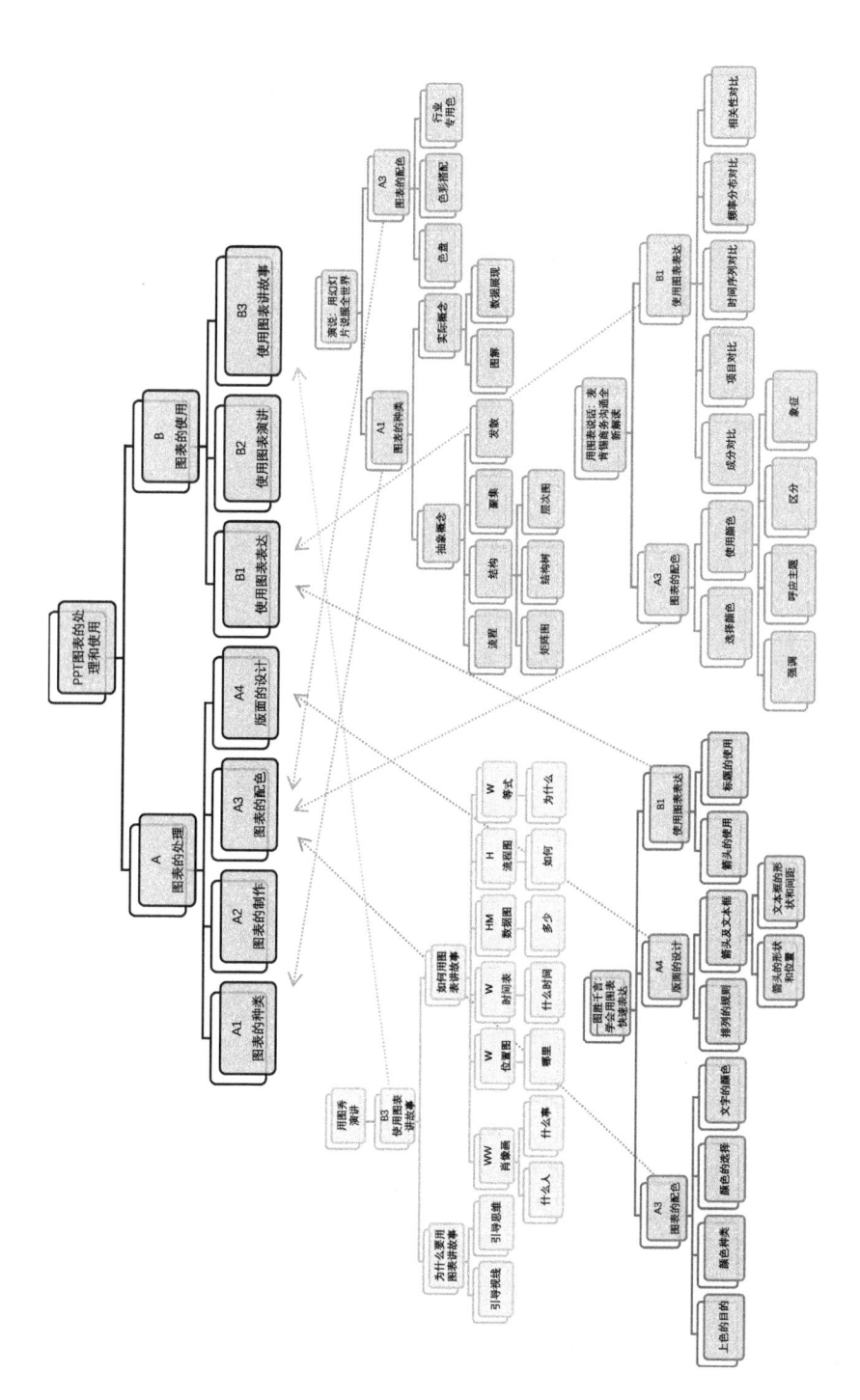

图 2-20 内容重组示意图

109

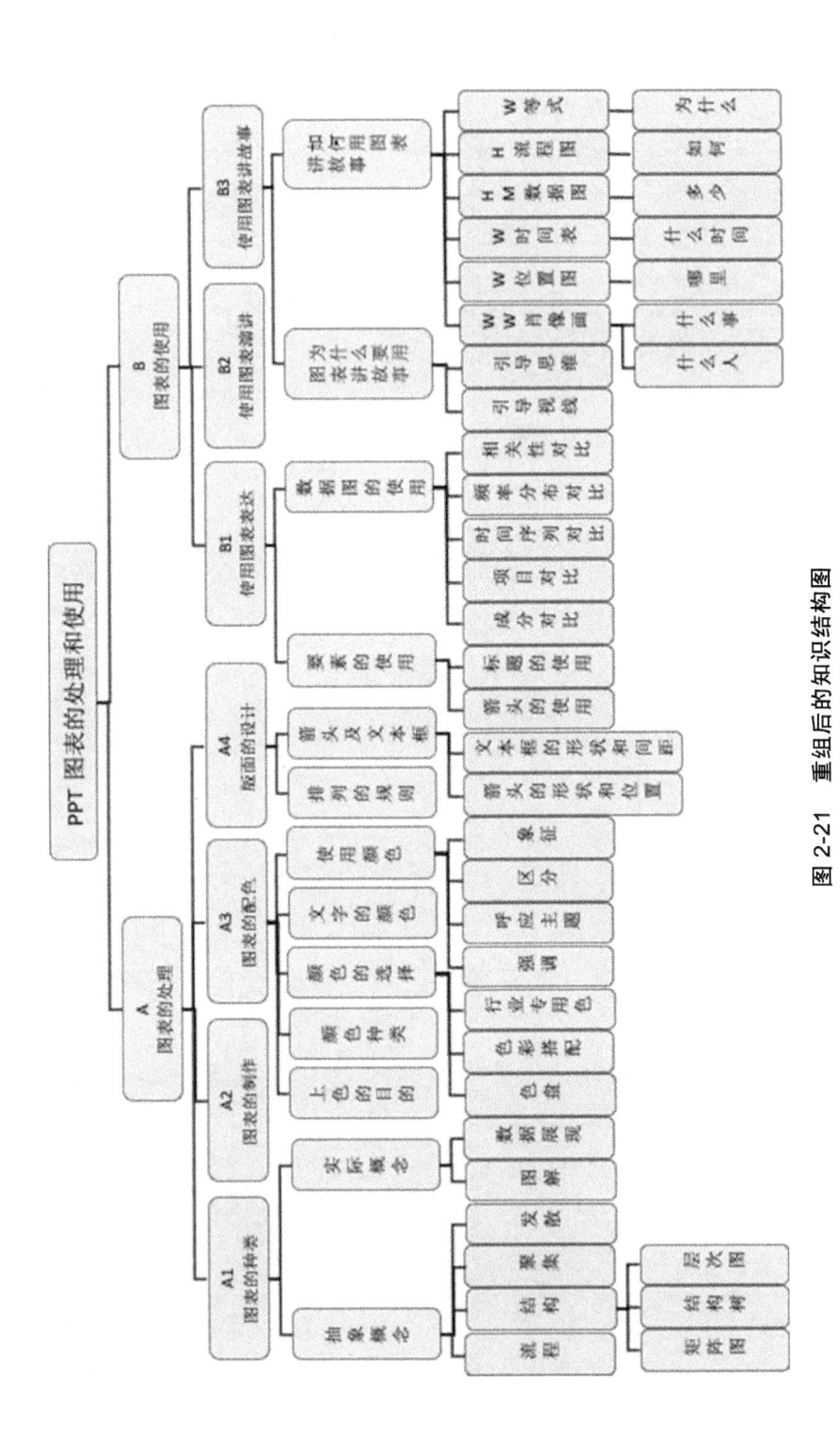

结构学习力 | STRUCTURED LEARNING POWER

图 2-21 重组后的知识结构图

第二章　整合力：构建模型，掌握知识本质

规整融合的过程就是系统化地炼制知识体系的过程，我们将新知识和已经掌握的旧知识进行对照，得出能够服务于学习目标的新体系。我们建立了一个新体系，意味着认知结构发生了重大变化。

简单回顾

当我们明确了知识的本质是经验或碎片化知识点的联结后,就能理解系统思考实践者的五个阶段间的关系了。而想要达到更高的阶段,利用重组知识结构的方式建立框架、收集素材、提取内容、规整融合,在不同知识结构图或新旧知识间建立新的体系是非常明智的手段。

第三节
呈现：结构知识形象化，模型化你的知识

一、思维模型是快捷方式

查理·芒格有一句名言："想成为一个智慧的人，你必须拥有多个模型。而且，你必须将你的经验，无论它是间接的，还是直接的，全部放到构成这些模型的网格上。"查理·芒格自己一生读书，总结了 100 多个思维模型，其中最常用的有 20 多个，这些思维模型是指引他投资走向成功的瑰宝。

所以，一提到思维模型，很多人就会想到查理·芒格。

那么，究竟什么是思维模型呢？查理·芒格为什么如此推崇它呢？

物理世界的模型是对物质世界的模仿，用真实模仿真实，模仿

的是真实事物的属性以及各事物之间的关系，如火箭模型、汽车模型。思维模型则是对思维世界的一种抽象模仿，虽然模仿的也是各事物间的关系，但这种模仿是用想象模仿真实或者用想象模仿想象。用查理·芒格的话理解就是，能解决问题的有效策略，都可以叫作思维模型。

二、思维模型是众家之选

举个例子，PDCA 循环模型是众所周知的一种思维模型，它主张按规划（Plan，P）、执行（Do，D）、查核（Check，C）与调整（Act，A）进行工作，以确保目标的达成。你看，目标也好，规划、执行、查核或者调整也好，都不是物理世界的东西，但是它们和物理世界中的事物一样，存在边界、存在相互的作用和联系，只是这些联系我们看不见、摸不着。不过，现在有了 PDCA 循环模型，这些看不见、摸不着的东西被显性化出来，立体、直观，有效地指导我们的思维和行为。这就是一种可视化的艺术。

再举一个例子。有人可能对宝洁公司不熟悉，在我们每天使用的日化用品中，可能超过一半的用品品牌来自宝洁，它是全世界排名靠前的巨头公司。宝洁在人才培养时，就会参考一个模型，这个模型被称为"宝洁成功驱动力模型"或"胜任力模型"。

宝洁认为，优秀的人才必须具备三种力量或者能力。首先是思维的力量，优秀的人才必须有头脑、有自己的想法和创新能力；其次是人才的力量，优秀的人才要能够很好地和别人合作；最后是敏

第二章 整合力：构建模型，掌握知识本质

捷的力量，社会瞬息万变，每个人都需要有敏捷和灵活的反应。这个模型简单易用，为宝洁源源不断地选拔、培养高素质人才，确保了宝洁的基业长青。

所以，无论是 PDCA 循环模型，还是宝洁成功驱动力模型，都形象、直观地为人们的思考和行动指明了方向。

思维模型的这种作用同样适用于学习活动，所以，在本书中，思维模型是为知识的系统化和可视化服务的。构建学习模型的过程，我们称为建模。

下面，我们就展开讲一下，能够帮助我们对知识进行系统化和可视化加工的模型该怎么构建。这里，我们需要借助结构罗盘。

◄◄ 三、构建模型用结构罗盘

结构罗盘按照从内到外的顺序，分别对应了三个环节：配关系—得图示—上包装（配—得—上）（见图 2-22）。

首先，第一步配关系和第二步得图示的联系比较紧密，开始这两个步骤的前提是我们已经有了一张知识结构图，这张图可能是我们分析阅读后确定的其中一本书的知识结构图，也可能是规整融合后多本书的知识结构图。在配关系和得图示时，需要确认知识结构图中每个分支下面的要素是什么，要素之间都是什么关系。然后选择合适的图示进行表达。本书将这个图示归纳为 4 种模式：流动、作用、比较、关系；每种模式下面有 4 种关系，共 16 种（除了结构

罗盘中呈现的关系图，我们还可以以下面的图示进行展示）。

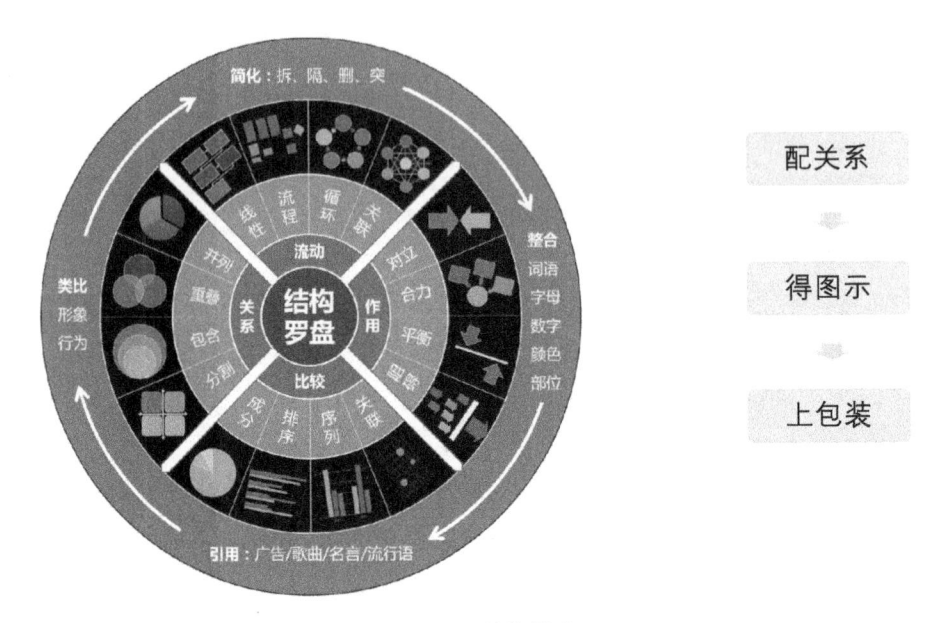

图 2-22　结构罗盘

流动模式，可以理解成为了达成某个目标设计的一套步骤和方法，它下面的 4 种关系分别是线性、流程、循环和关联。文字说明有点抽象，我们结合图示看一下。

（1）第一种是线性关系图（见图 2-23），它表示的是最简单的前后顺序的线性关系，往往用单线式的流程图就可以解决。

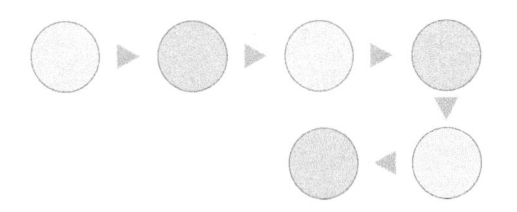

图 2-23　线性关系图

第二章　整合力：构建模型，掌握知识本质

（2）第二种是流程关系图（见图 2-24），它是子流程之间有先后或包含关系的较复杂的流程图，也是我们日常见到最多的流程图。

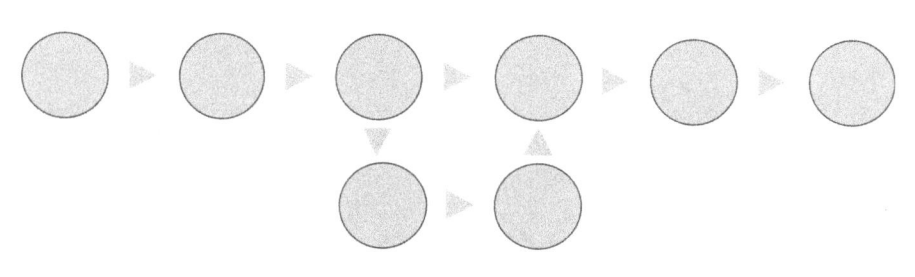

图 2-24　流程关系图

（3）第三种是循环关系图（见图 2-25），某件事的发生，往往有它的原因，而原因的背后可能还有其他的理由。这种由原因和结果的连锁反应相连的事情比较复杂，往往可以用原因和结果组成的循环图表示清楚。

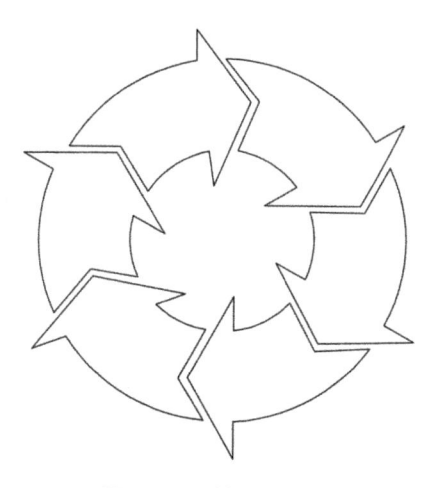

图 2-25　循环关系图

（4）第四种是关联关系图（见图 2-26），这种流程图将想法以

117

因果关系和相关性作为标准，用箭头表明关系，它有助于引发新的思考，更容易让表达的内容一目了然。

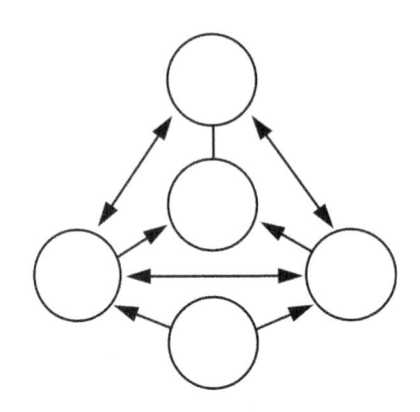

图 2-26　关联关系图

作用模式，顾名思义是展现彼此之间相互作用的各种关系。其中包括对立、合力、平衡、阻碍。

（1）对立体现的是两个或两个以上相互对立的，需要同时存在而又处于矛盾中的要素冲突和对抗过程。当我们遇到类似的情况时，就可以用对立关系图（见图 2-27）来厘清自己的思路。

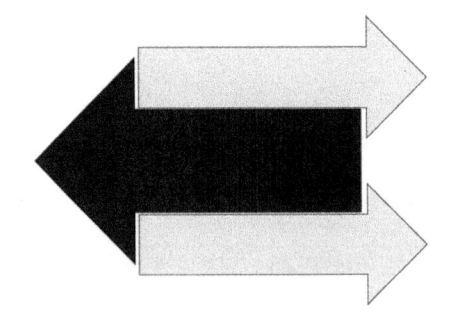

图 2-27　对立关系图

第二章　整合力：构建模型，掌握知识本质

（2）合力体现的是朝着同一个目标或结果而努力的各要素之间的关系。如果各要素之间匹配的是合力关系，就可以选择用合力关系图（见图2-28）进行展示。

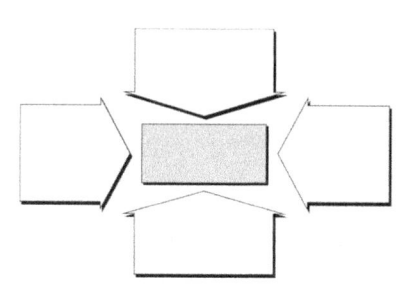

图2-28　合力关系图

（3）平衡体现的是观点间进行比较的关系。比如，在针对某个议题进行讨论时，需要对赞成意见和反对意见进行归纳整理，使决策更容易进行，这时可以用平衡关系图（见图2-29）来呈现并厘清大家的思路和观点。

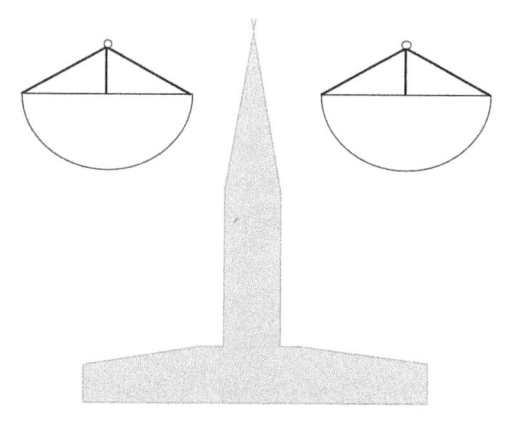

图2-29　平衡关系图

（4）阻碍更多体现的是一种示意关系（见图 2-30），比如，某项工作需要经过重重障碍才能达成有效结果。

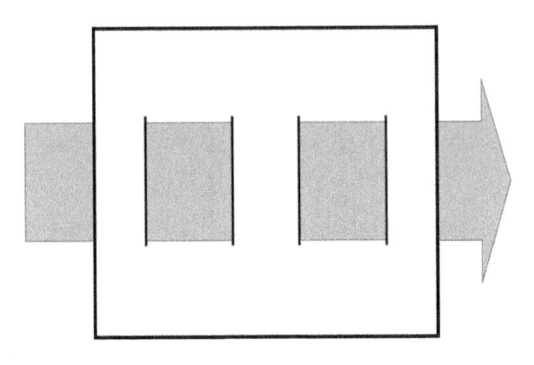

图 2-30　阻碍关系图

关系模式，利用要素之间的关系来表示负责问题。其中包括并列、重叠、包含、分割。

（1）并列、重叠和包含三种关系，是逐步递进的。互相不交叉代表并列关系，互相交叉代表重叠关系，大的要素包含小的要素代表包含关系（见图 2-31）。

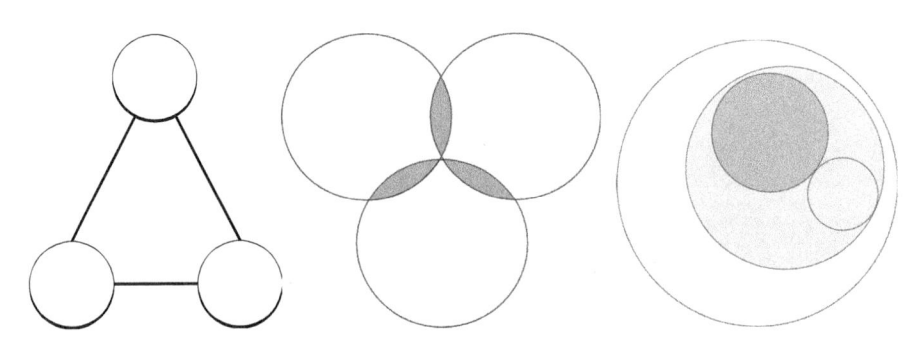

图 2-31　并列关系、重叠关系、包含关系图

（2）分割关系指统一物的可分性，外二维矩阵、表格等都可以归纳到分割关系图（见图2-32）中。

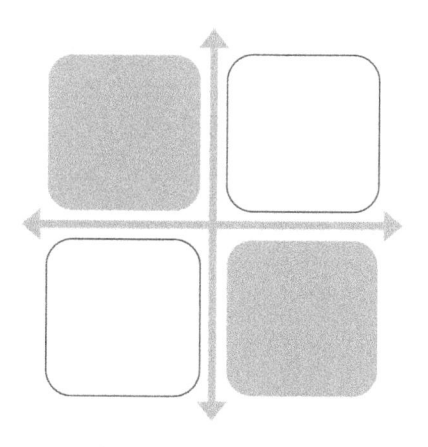

图2-32 分割关系图

最后是比较模式，它更加强调用数据说话。其中包括成分、排序、序列、关联。

（1）成分也叫作构成，体现的是整体的一部分，这种关系一般用饼图表示（见图2-33）。

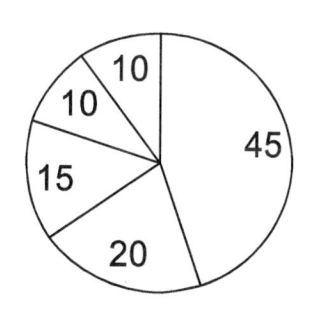

图2-33 饼图——成分关系图

（2）排序是根据需要比较的项目的数值大小进行排列，可以从小到大排列，也可以从大到小排列。一般在表示排序关系时，我们用条形图（见图 2-34）会比较多。

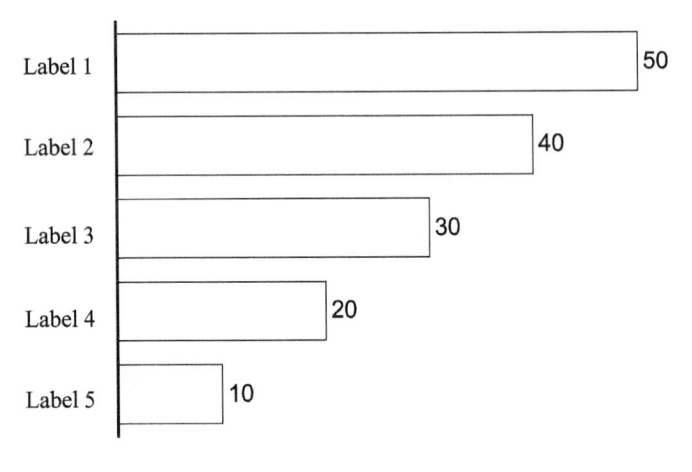

```
Label 1 ──────────────── 50
Label 2 ──────────── 40
Label 3 ────────── 30
Label 4 ─────── 20
Label 5 ──── 10
```

图 2-34　排序关系图

（3）序列包含两种，一种是表示时间顺序发展趋势的；另一种是表示各项目的频率分布的,这种关系一般运用柱状图和折线图（见图 2-35）等呈现。

（4）关联，即观察其中一类的项目是否会随着另一类项目的变化而有规律地变化。比如，判断随着某款车型价格的下降，购买该车的用户是否减少等。这种衡量各项目间的关系，一般选用散点图（见图 2-36）的方式进行呈现。

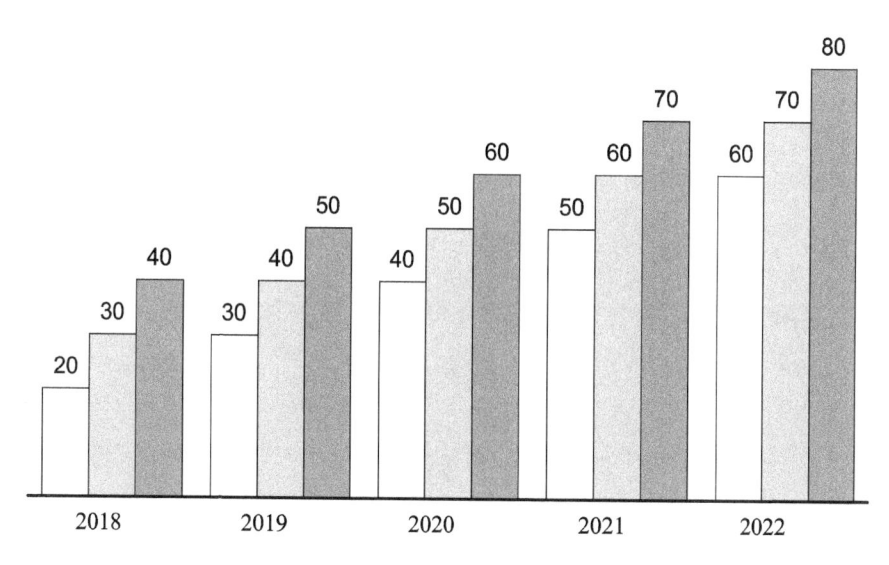

第二章 整合力：构建模型，掌握知识本质

图 2-35 序列关系图

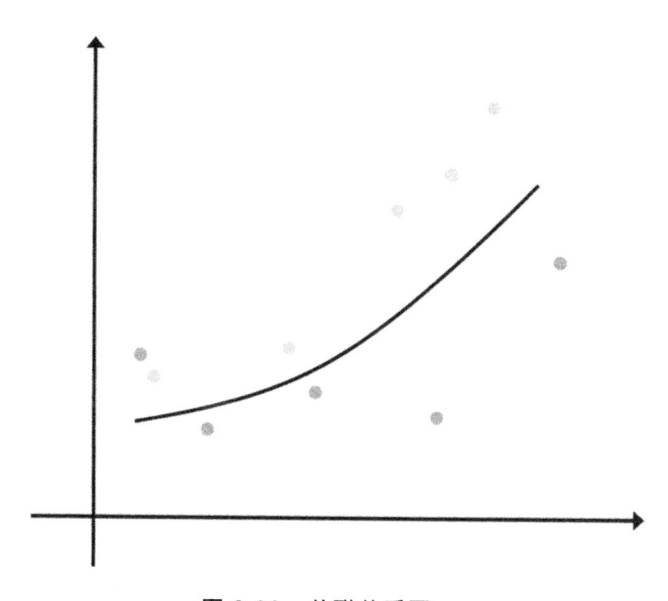

图 2-36 关联关系图

得图示这一步比较简单，因为在上一步配关系中，已经明确了在不同关系下该运用什么图示进行表达。需要强调一点，任何一种关系都可以通过很多种图示进行表达，图示并不是唯一的。以上为大家提供的关系图并不能把所有图示都穷尽，只是为大家提供一些典型的关系图作为参考。

当我们针对结构图各分支之间的关系选好了关系图之后，建模的前两步就完成了。第三步则需要对文字部分进行"上包装"。

上包装的任务是尝试将已经搭建好金字塔结构的一级目录通过简化、类比、整合和引用的方式进行包装，使我们建立的模型更加精简、容易记。当我们储存或者传递一个复杂模型的时候，自己或者对方思维的一部分用于接收信息，一部分用于找出内容之间的逻辑关系，还有一部分用于理解记忆所学的内容，这样很容易出现对复杂模型理解不透的情况。如果我们能将模型中的文字做进一步的提炼和加工，就可以让自己或者对方更快地记住并接受我们的模型。

比如，如何才能快速记住戒指戴在不同手指的不同含义呢？如果硬记，可能也可以记住，但是忘得会很快。有一种说法，我只听过一次就记住了，并再也没有忘记过。它叫作"清热解毒"（见图 2-37）。清，谐音倾，意指倾心，是戴在食指的意思；热，意指热恋，是戴在中指的意思；解，谐音结，意指结婚，是戴在无名指的意思；毒，谐音独，意指独身，是戴在小拇指的意思。四个字把戒指戴在不同手指的含义说全了、说清了，简单明了、朗朗上口。这就是上包装的作用。

第二章 整合力：构建模型，掌握知识本质

图 2-37 戴戒指的上包装方法——"清热解毒"

当然，上包装有不同的方法，它们都能达到很好的效果。总结下来，分为四种：简化、类比、整合和引用。接下来，我将以案例的方式为大家呈现这四种包装方法。

第一种方法，简化，运用拆、隔、删、突的方式对观点进行包装。

第一个案例：因时而动，升降有方（见图 2-38）。它的包装方法非常简单，观点是优化指标，降本增效，一级目录是优化生产指标、降低管理成本、开源做增，通过简化的方式直接包装为优、节、增，让观点更容易被记住。

第二个案例：得资源，控质量，保生产（见图 2-39）。我们可以在一级目录的三个观点：停产停发损失大、缺人缺物、得人得物保生产中分别选中一个关键字，将它们组成一组谐音词——停、缺、得，让记忆变得更加容易。

125

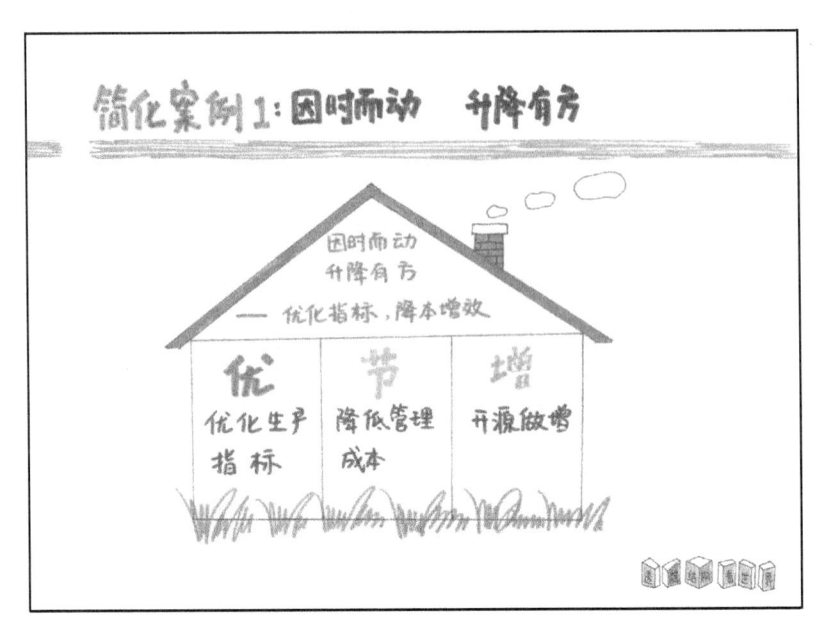

图 2-38 因时而动，升降有方

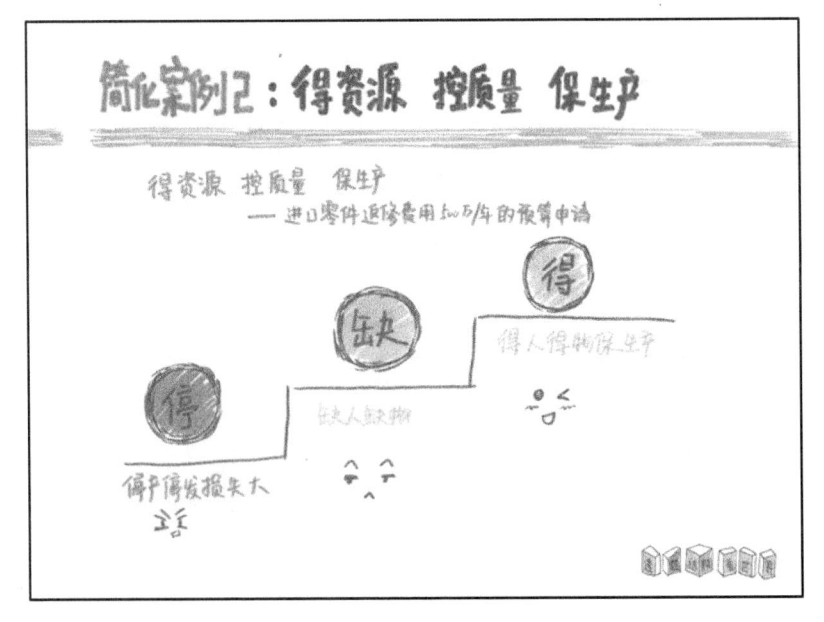

图 2-39 得资源，控质量，保生产

第二章 整合力：构建模型，掌握知识本质

第二种方法，类比，运用形象或行为类比的方式为主题进行包装。

第一个案例：水涨船高（见图2-40）。这是一个形象的类比，主题是实现企业员工收入共同增长。在运用简化的基础上，将企业与员工的关系类比为水与船，并运用同一个线索将大标题包装为水涨船高，形象地表达出观点。

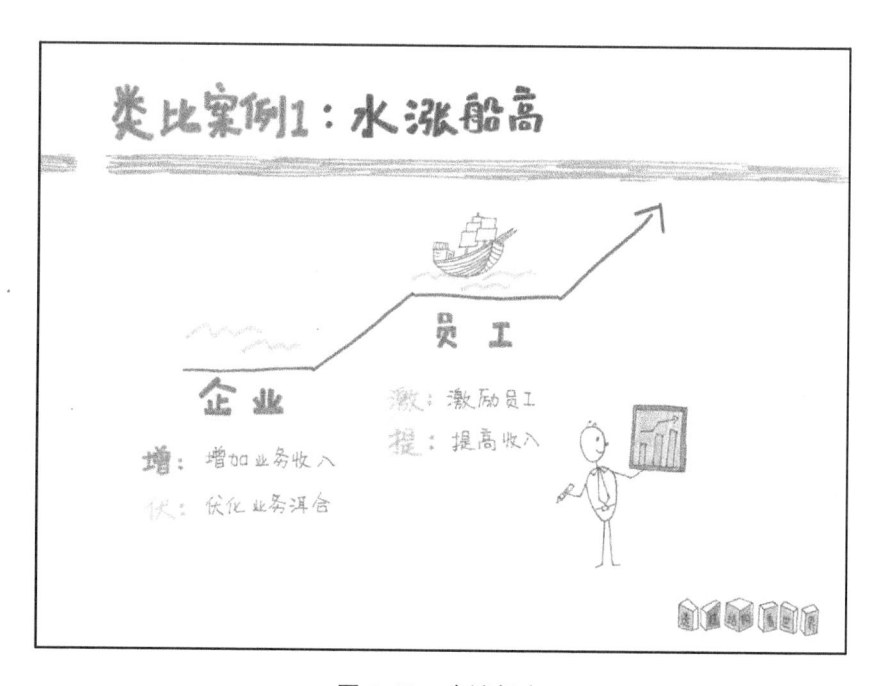

图 2-40 水涨船高

第二个案例：三箭齐发，决战岁末（见图2-41）。这是一个形象加行为的类比，将年终岁末智能机销量翻番策略，类比成三支利箭：成本支撑、决策匹配、激励到位。不仅给人一种很有魄力的感觉，也将商业行为类比成战争行为的紧迫感形象地展现出来。

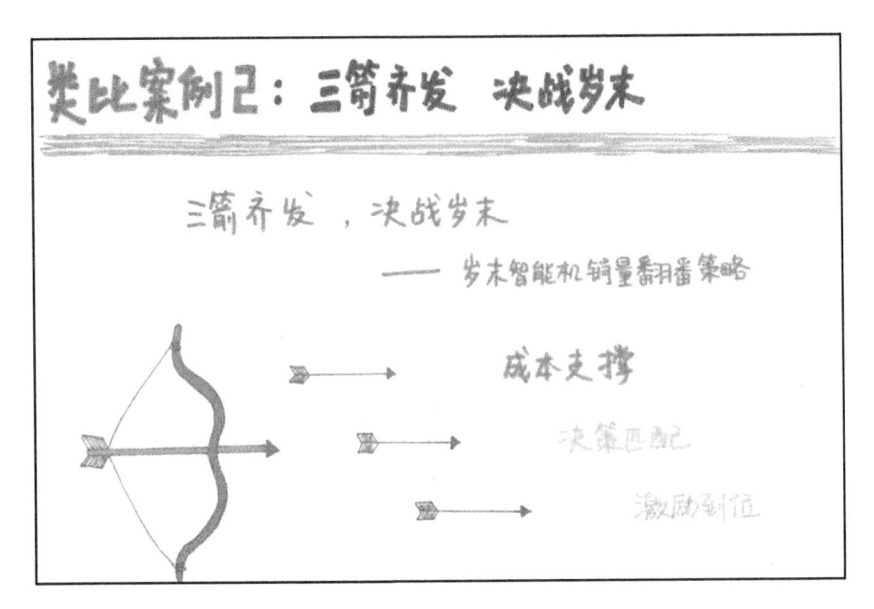

图 2-41 三箭齐发、决战岁末

第三种方法，整合，通过对色彩、词语、数字的整合包装。

比如，你知道"出门四件事"是什么吗？很多人会马上得出答案——"身手钥钱"，也就是出门之前记得拿身份证、手机、钥匙和钱包，简称为"身手钥钱"。请再回忆一下"交通一二三"是什么，答案是一看、二慢、三通过。虽然很多年过去了，但像这样的整合包装方法，我们还可以非常清晰地记得。

第一个案例：内部管理三优化（见图 2-42）。本案例是一个典型的，运用数字进行包装的案例。将生产流程优化、生产条件优化、内部激励优化以数字概况的形式，整合表达。

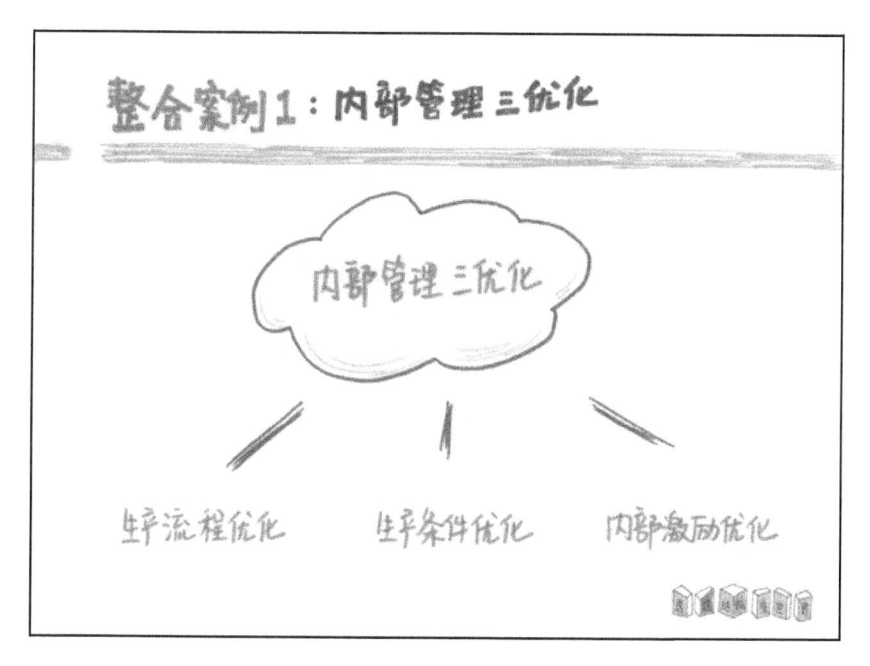

第二章　整合力：构建模型，掌握知识本质

图 2-42　内部管理三优化

第二个案例：S+S+S 模型（见图 2-43）。本案例是对字母进行的整合包装，选择了筛、设和锁字的相同声母 S，表达为"S+S+S"或 3S 均可，将主题整合表达为 3S 逐步推进室内覆盖差异化建设。

第四种方法：引用，引用广告、歌曲或名言等的方式进行包装。

第一个案例：深改四部曲（见图 2-44）。本案例的主题是深改四部曲——培训业务深入改革方案，将四种策略：拓渠道、优结构、整资源、建机制包装为四首曲子：十面埋伏、大浪淘沙、梅花三弄、行云流水，这种引用名进行包装的方法，形象地表述了想要传达的观点。

129

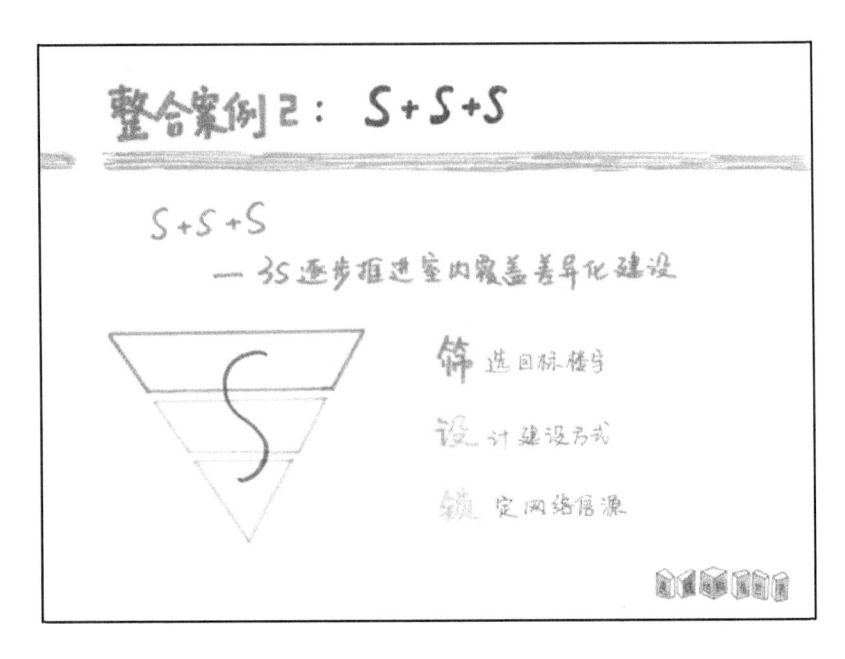

图 2-43　S+S+S 模型

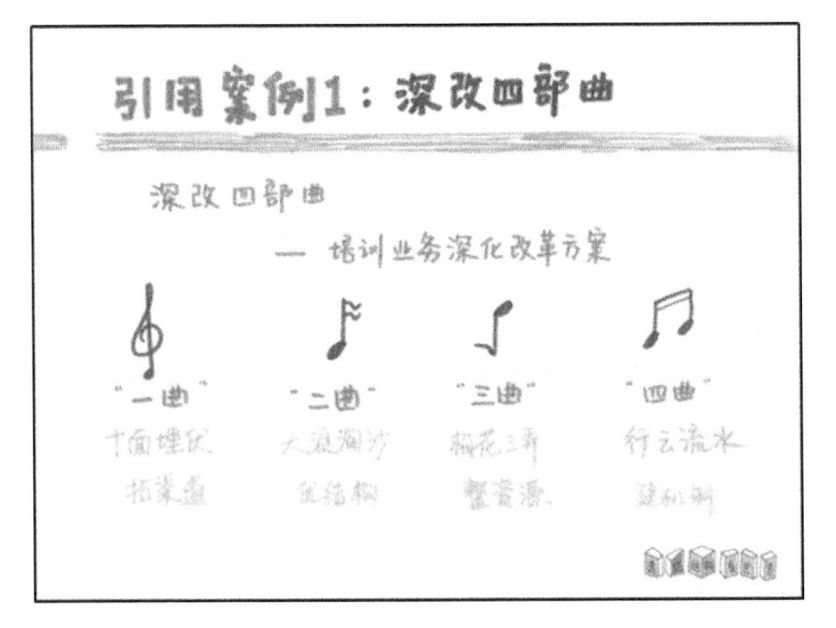

图 2-44　深改四部曲

第二章 整合力：构建模型，掌握知识本质

第二个案例：天时、地利、人和（见图 2-45）。本案例的主题是保证项目进度，第一部分是增加工时，第二部分是保证场地后勤，第三部分是增加人员，通过将这三个部分分别对应天时、地利、人和，使得主题清晰明了，方便记忆。

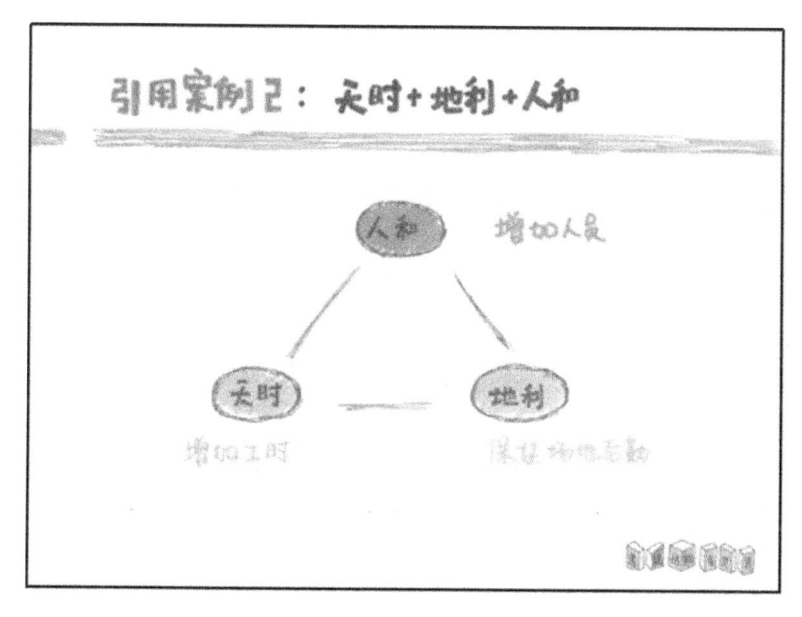

图 2-45　天时、地利、人和

通过"配—得—上"三个环节的处理，我们可以快速地将纷繁复杂的知识系统模型化，既方便自己吸收，让自己受益，又方便向外传播，让更多的人受益。

> **简单回顾**
>
> 模型化思维作为一种符合人类思维习惯的快捷方式,可以被应用在不同的领域,在学习中应用模型思维打造知识的思维模型,可以借助结构罗盘,使用配关系、得图示、上包装的形式,让自己或他人的知识体系快速形象化。

第三章

应用力:
利人利己,成为学习高手

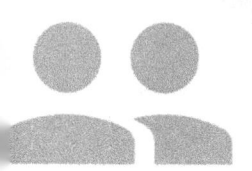

导 入
应用知识，而非拥有知识

▶▶ 一、被放错位置的可乐瓶

24年前，有一部爆笑喜剧电影特别受欢迎，叫作《上帝也疯狂》，你可以称它为"一个可乐瓶引发的血案"。

电影讲述了在非洲的一个原始部落，当主人公基打猎回来时，一个从飞机上坠落的可乐瓶恰巧掉在他的面前，基把瓶子拿回部落，落后的部族从没看到过这么漂亮的东西，它像水一样透明却坚硬无比，他们把它当作上帝送给他们的礼物。渐渐地，他们发现它可以吹出美妙的声音，还可以用来磨蛇皮。总之，人们几乎每天都能发现它的新用途。可瓶子只有一个，人们第一次产生了不愿意与人分享的感觉，一种莫名的想法出现在所有人的心中：独占它。人们开始为之争吵，甚至大打出手。最后，基决定把这个使原本平静的生活变得不安的东西还给上帝。

这个让整个部落陷入混乱的可乐瓶，从某种意义上看，就好似我们费尽心力学到的知识一样。不过，知识和可乐瓶一样，给我们带来了两个烦恼：一是我们不知道该如何正确地使用它，知识无法融入我们的认知体系中，犹如可乐瓶无法融入原始部落一样，这让人很焦虑；二是我们对于分享知识这件事可能会产生抵触，不利于我们真正地掌握它们。

二、人在打铁中成为铁匠

法国著名教育学家、教育改革家塞莱斯坦·弗雷内说："事实上，人在打铁中成为铁匠，在写作中学会写作。"

美国心理学家杜威在 1912 年总结说："在做中学"。

诺贝尔物理学奖获得者乔治·夏帕克认为，要解决科学教育的问题，要让孩子们亲自动手。

我国古代学者王阳明提出"知行合一"。

以上内容归根结底，总结为两个字：应用。

对于学习与应用的关系（见图 3-1），我们可以从三个方面进行概括。

图 3-1　学习与应用的关系

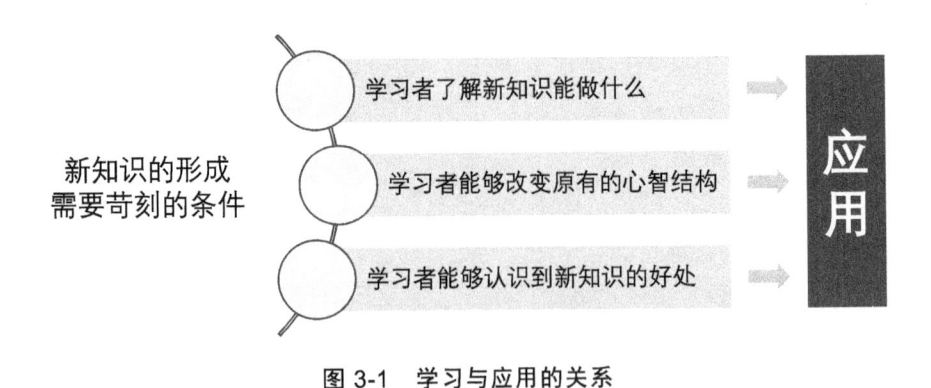

首先，如果学习者能够了解自己应用这些新知识能做什么（最好是短期内能做到的），他就能够进行有效学习。

其次，如果学习者能够改变原有的心智结构，甚至彻底重塑心智结构，他就能够进行有效学习。

最后，如果学习者能够认识到新知识或知识的新表达给自己带来的好处，他就能够进行有效学习。

三、应用范围可以从大到小

根据知识应用范围的大小，我们可以将知识的应用分为以下三个层次。

第一个层次是自己实践知识；

第二个层次是向身边的人输出知识；

第三个层次是影响更多的人了解和掌握知识。

第三章 应用力：利人利己，成为学习高手

自己实践知识的最有效方法叫作刻意练习，而后两个层次是自己通过学习、阅读和刻意练习并有效掌握知识后，对知识的输出过程。所以，我们的应用三层次分别对应的是三种目的和结果：先让自己受益，再让身边的人受益，最终影响更多的人。当然，我们需要注意的是，虽然看似后面两个层次的受益人变成了身边的人和更多的人，但底层目标仍然是，为自己的学习服务，这是我们要时刻牢记的一点。

第一节
让自己受益：刻意练习

"一万小时定律"是作家马尔科姆·格拉德威尔在自己的著作《异类》中指出的定律。他认为，一万个小时的练习能让平凡人变成大师，《异类》因此名声大噪。作者格拉德威尔告诉我们，天才不是天生的，是练出来的，而且至少要练习一万个小时。可是，如果一个学习者想让自己成为某个领域的专家，让自己受益，光知道一个"一万个小时"的口号毫无意义。

首先，不同领域需要的练习时长相差很大。比如，对于音乐家而言，平均需要练习15～25年才能达到世界水平，如果每天平均练习三个小时，总练习时长可能超过两万个小时；记忆类专家技能的习得则不需要一万个小时，几百个小时就足够了。

第三章 应用力：利人利己，成为学习高手

然后，只强调练习时长而不提天赋和特长的重要性，则是对天才的误解。比如，对于体育运动而言，是否具备运动天赋，骨骼和肌肉的条件是否适合某项运动，是练习时长无法弥补的。

最后，低水平重复练习对于水平的提高毫无用处。业余爱好者自娱自乐式的练习和专业选手的训练是两个完全不同的概念。有人读了很多书，变成了高手；更多人终日学习，却依旧平庸。

值得庆幸的是，我们在认识到一万小时定律和低水平重复并不靠谱后，已经产生了有效实践的方法，那就是刻意练习。

刻意练习和单纯一万小时练习最大的不同在于，它同时强调以下三个方面（见图3-2）。

一是做到有目的的练习，二是训练大脑的适应力，三是需要寻找一个匹配自己学习能力、进度的导师。

图 3-2 刻意练习强调的三个方面

一、刻意练习要有目标

有目的的练习看起来很容易理解，多数人认为：我开始任何一项练习，不都是带有目的性的吗？实际上，这是一种对刻意练习的误解。

我帮大家回忆一下，在过往的经历中，我们是否有过以下类似的情景。比如，从上幼儿园开始就练习写字，每天重复，但是写到现在，这些字仅仅徘徊在可供辨认的边缘。这是因为我们以前写字的目的是把字写得好看，可是我们的练习仅限于把字写出来，而不是把字写得好看。再比如，绝大多数业余钢琴爱好者在十几岁，甚至几岁的时候开始上钢琴课，但是多年过去，他们还在以完全相同的方式弹奏着完全相同的歌曲。即使业余钢琴爱好者的目的是提高弹奏水平，他们的练习却仅限于流畅的弹奏。

上述的练习并不是真正有目的的练习，而是天真的练习。所谓天真的练习，就是反复地做某件事情，并指望只靠那种反复，就能提高表现和水平。

真正有目的的练习则具备四个特点：明确目标、集中注意、获取反馈和挑战舒适（见图 3-3）。

第三章　应用力：利人利己，成为学习高手

明确目标	集中注意	获取反馈	挑战舒适
1	2	3	4

有目的的练习

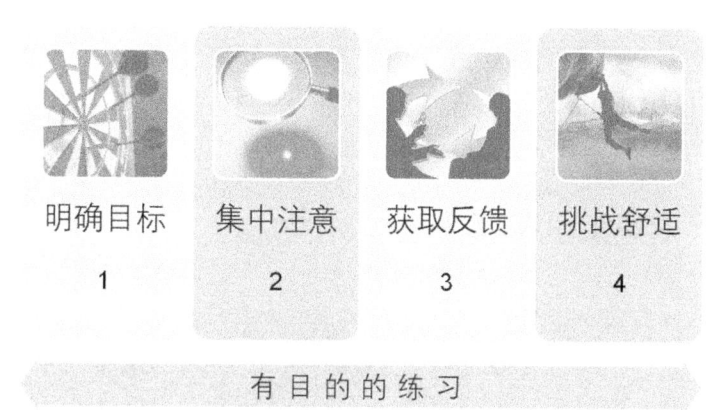

图 3-3　有目的的练习四个特点

首先，有目的的练习需要具有明确的目标。明确的目标，可以有效地引导我们的练习。想要使效果量化，我们需要把目标描述得更加具体清晰。这个目标大家可以参考我们前面讲的 SMART 原则来制定，也就是训练目标要明确、可衡量、可达成、有资源或有条件限制，以及有时限。

其次，有目的的练习需要集中注意。要想取得进步，必须把注意力完全集中在我们的任务上。这一点很好理解，我们不详细说了。

再次，有目的的练习需要获取反馈。无论我们在努力做什么事情，都需要反馈来准确辨别自己在哪些方面还有不足，以及存在这些不足的原因。这一点在后面我们还会讲到。

最后，有目的的练习需要挑战舒适。这对于任何类型的练习都是一条基本的真理：如果我们从来不迫使自己走出舒适区，便永远无法进步。就像我们练习写字一样，可能二十年前就是这样写的，因为这样写很舒服，但舒服是进步的天敌，执笔习惯的改变、运笔路径的改变会让我们感觉很别扭，半天也写不了几个字，还是回到以往的习惯最舒服。

⏮ 二、刻意练习大脑适应力

刻意练习强调的第二个方面是训练大脑的适应力。这一部分着重体现的是有目的的练习中的挑战舒适。

健身爱好者可能都知道，想让自己的胸肌变大，多做一些俯卧撑或者卧推会是好办法。只是一开始，我们可能在做了几个之后就因为肌肉的酸楚而不得不停下。而随着训练频率与强度的逐渐增加，我们的肌肉开始适应这样的训练强度，酸楚感袭来的时间越来越靠后，从 30 个到 50 个到 100 个，我们变得很有成就感，并且采用照片对比、胸围测量，或者简单地每天照一照镜子就能感受到自己的进步。

在这个过程中，我们既体会到肌肉对于训练强度的适应性，也明显感觉到训练强度对肌肉的改变，它们如此直观，如此显性化。

但是，大脑对于训练的反馈往往比较隐性化。一方面，训练时的大脑不会分泌乳酸来提醒你它正在剧烈活动（当然有的同学说："那为什么我一学习就头痛呀。"这个可能是你的心理作用在作祟。），所以，在学习和训练时，大脑整体上是比较平静的。另一方面，我们没办法拿出手机为练习前后的大脑拍照留念作为对比，学习和训练对大脑进行的改变也没有那么显性化。

第三章 应用力：利人利己，成为学习高手

不过，在实验室里，脑神经领域的科学家使用诸如核磁共振成像等脑部成像技术，研究了具备特定技能的人与不具备特定技能的人的大脑的区别。结论很明显：大脑和肌肉一样，会在大量的练习之后发生某些特定的改变。

早在 2000 年，就有相关科学家发表了关于出租车司机的研究成果，他们利用核磁共振成像观察出租车司机的大脑，并将他们与其他职业者的大脑进行比较，后者年龄与出租车司机相仿。实验结果表明，因为每天都要进行乘客目的地方位的判断和行车路线的计算，在出租车司机的大脑中，担当着关于短期记忆、长期记忆以及空间定位作用的海马体的某一个特定部位比其他实验对象更大。

这说明，人类的大脑和肌肉会"越练越大"，因为成年人大脑中的细胞，除了海马体，其他部位并不会分裂并组成新的大脑细胞，它们的变化更多体现在强化神经元之间的各种连接上，重新调整和加快这些神经元网络的运转速度，以达到牢牢掌握知识和技能的效果。

不仅如此，大脑在进行训练时，和肌肉一样，会对训练强度产生适应性，当大脑或者肌肉对某一强度的训练适应以后，同等级强度的训练所起到的作用会逐渐减少。比如，当你做了 30 个俯卧撑之后，肌肉开始有酸楚感，如果此时你放弃训练，那么说明你正处在一个舒适区的位置，因为从第 31 次开始，你会感到更不舒服，你的身体会不由自主地排斥。可一旦停下，这一次的训练成果大概率就是零。而有经验的健身爱好者，会让酸楚的感觉持续一段时间，最

简单的方法就是，今天比昨天多做一个。这种保持肌肉酸楚，每天都挑战新数量、新高度的方法，就是让自己的身体或者大脑进入学习区的方法。

当然，无论是人的身体还是大脑都有对应的极限，如果单次练习的数量或者强度总是太多或者太高，人们往往会出现恐慌或者焦虑，这也是人类在进化历程中获得的能力，毕竟高强度的训练是和能量消耗与身体损伤密切关联在一起的。

所以，从原则上看，一个人遇到的挑战越大，身体和大脑发生的变化也越大。人在学习一项新技能或者增加原有技能施展强度时，能够触发大脑结构的变化，这种学习比起没有挑战的，只是练习已经学会的技能要高效得多。

但是，在过长的时间内过分地逼迫自己，学习和训练的效率反而会降低。我们的大脑和身体一样，对于刚刚超越舒适区，但还没有进入焦虑区的训练和挑战，改变最为迅速，效果最为明显。通俗一点讲就是，我们要使用新知识去做那些"跳一跳，够得着"的事情。

三、刻意练习强调导师的指导和反馈

刻意练习的第三个方面是寻找一个匹配自己学习能力、进度的导师。它强调的是在练习过程中获得的指导和反馈。

提起导师，每个人脑海中浮现的形象是不同的。有人想到的是

第三章 应用力：利人利己，成为学习高手

列宁和马克思这两位无产阶级革命的伟大导师；有人想到的则是自己学生时代的恩师。如果我问："你人生中的第一位导师是谁？"我想，所有人的答案都应该是父母。没错，人在不同的阶段会有不同的人指导自己，父母可以说是自己最早、最重要的启蒙导师。

而在我们的职业生涯中，如果有一位明智的导师指导我们，我们便能从中获益。合适的导师会给我们的职业带来巨大的不同，使我们能在相应的人生阶段少走弯路，加速成长为更好的自己。

正所谓"闻道有先后，术业有专攻"。有些人知道学习的最佳次序，理解并示以正确的方式展现各种各样的技能，提供有效反馈，并且能够设计一些专门克服特定缺陷的学习活动。在这些人的指导下，我们能够更加迅速地取得进步。

比如，华为的"全员导师制"就是一项非常好的员工培养制度，这项制度不仅可以有效缩短员工进入新环境的磨合期，尽快适应新工作，而且可以增进员工之间、上下级之间的关系，值得所有民营企业学习和借鉴。

在华为，不仅新员工有导师，所有员工都有导师；不仅生产系统实行这一制度，营销、客服、行政、后勤等所有系统都实行这一制度。华为认为，所有的员工都需要导师的具体指导，通过"全员导师制"实现一对一的指导和帮助。

比如，新员工从报到实习到完成转正答辩这一过程中，导师对员工的帮助路径，可以是以下这样的。

第一天：帮助熟悉工作环境。

第一周：制定培养计划。

第二周：主动询问，有问必答。

第一个月末：沟通，做计划。

上岗第二个月：对员工工作进行安排。

上岗第三个月：监控工作，交流沟通。

新员工转正期间：帮助准备答辩。

上述这个帮助路径对于导师来说是一个输出过程，它也是学习的一个重要环节，它可以让导师对知识和技能的掌握有增长、有进步，关于输出帮助学习的内容，我会在稍后的篇幅中详细阐述。

但是很多人会说"我们公司不像华为一样有专门的导师制度"。或者"我的学习是个人行为，我的整个学习过程并没有导师的帮助，怎么办"？别着急，有三个 F 可以帮助你。

这三个 F，其实是以字母 F 开头的三个英文单词，即 Focus（专注）、Feedback（反馈）以及 Fix it（纠正）的缩写，也称"3F 原则"。

第三章 应用力：利人利己，成为学习高手

图 3-4 3F 原则

专注特别容易理解，如果我们既没有导师的指导，又三心二意地学习，学习效果肯定好不了，专注需要保持动机，持续练习。

反馈是指在学习中遇到问题时，我们会有进步、有退步或者停滞不前，这些都要自己试着分析原因。

纠正则是在反馈中遇到问题时，思考寻求解决方式，然后继续练习。

这个过程是不停循环的，我们需要一点一点的进步。

美国开国元勋之一，著名的发明家、物理学家，本杰明·富兰克林的风筝实验被我们津津乐道，但他还是一位文学家。

据富兰克林回忆，他在童年时期受过的教育，最多只能让他当一名普普通通的写作者，能把句子写通顺就十分不错了。后来，他偶然看到一期名为《观察家》的英国杂志，被杂志中高质量的文章深深吸引。富兰克林决定，他也要写出那些漂亮的文章，但没有人教他怎么练习。

富兰克林在没有导师的情况下，自己摸索出一套阅读和写作的套路，这个套路印证了我们刚刚讲过的 3F 原则。

首先，每当富兰克林读完一篇高质量的文章后，都会沉思默想，抓住主要内容，做好文摘，写在笔记本上。几天之后，富兰克林会把做好的文摘找出来，认真阅读，借助文摘回忆之前读过的文章。试着不看原文，用自己能够想到的合适的词句，对文摘加以引申，尽力将内容表现得跟原作一样，并形成复述的草稿，这是富兰克林的专注。

然后，富兰克林把原文翻开，将其和自己复述的草稿进行比对。在比对的过程中，他能非常清晰地看到自己做得对的地方和错的地方，这是富兰克林的反馈。

最后，富兰克林针对错的地方进行重新阅读与写作练习，然后往复多次，这是富兰克林的纠正。

经过以上三个步骤，富兰克林对所读文章的精妙之处有了更加深刻的体会，在反复改写的过程中，他学到了文章遣词造句、谋篇布局的种种技巧。久而久之，富兰克林的写作水平有了显著的提高。

所以，当我们在学习一项技能或掌握一项知识却没有导师的帮助时，不妨借鉴富兰克林的做法。

第三章　应用力：利人利己，成为学习高手

简单回顾

　　让自己受益的刻意练习，可以从有目的的练习、训练大脑的适应力、寻找一个匹配自己学习能力、进度的导师三个方面理解。真正有目的的练习则具备四个特点：明确目标、集中注意、获取反馈和挑战舒适。训练大脑的适应力可以使用新知识做那些"跳一跳，够得着"的事情，并刻意寻找一个匹配自己学习能力、进度的导师促进自己的学习，在练习过程中获得指导与反馈。

第二节
让身边的人受益：费曼技巧

一、得意忘形，基于理解的个性解读

在开始本节内容前，我想先考考大家的成语水平。请问："得意忘形是什么意思？"你可能会说："这太简单了吧，这不就是'高兴得控制不住自己，导致失态的意思吗。"这么理解当然没错，但这个成语还有另外一番解释，你可能就不知道了。

一代书画大师齐白石先生的关门弟子许麟庐模仿齐白石先生的对虾的水平达到了炉火纯青的地步，外行人一般分辨不出真假。很多人想学齐白石先生的对虾，但都得不到要领。许麟庐为此很得意，有些飘飘然。齐白石先生看到许麟庐有些得意忘形，就对他说道："学我者生，似我者亡。"

齐白石先生还说："要学我的心，不能学我的手。"什么意思？这其实是齐白石先生在刻意指点许麟庐：你的得意忘形是不好的，你需要好的得意忘形。什么是好的得意忘形？得画中真意，忘画之轮廓。换句话说，要有自己对艺术的理解，不能将自己困于老师，或是在前人经验的枷锁中，作茧自缚。

后来，许麟庐理解了齐白石先生所说的得意忘形的真谛，他从师茧中出脱，为自己的艺术之路开辟了一片新的天地，最终在当今画坛中形成了公认的独特大写意画风，成为大师。

同理，我们在任何领域的学习中，都不能一味地死记硬背前人的知识与经验，一味地模仿别人，在学习他人的基础上要有自己的个性、特点，以及对知识的独特理解。这样，我们才能获得一片属于自己的天空。

二、死记硬背，知其然不知其所以然

说了这么多，我想大象一定已经对得意忘形这个成语有了与以往不一样的理解，那么，如何才能做到"得其意，忘其形"呢？

很多大师都有自己的方法，本书提供大家一种简单易用的大师所创的方法，这位大师是理查德·菲利普斯·费曼，这个方法就是大名鼎鼎的"费曼学习法"。

费曼是美籍犹太人，理论物理学家、量子电动力学创始人之一、纳米技术之父，在1965年获得诺贝尔物理学奖。

费曼认为，知识其实有两层。一层是知识的表象，如组成知识的语言、描述知识的文字本身，它是知识的"形"；另一层是知识的内在，如知识所代表的理论本身，它是知识的"意"。举个例子，在物理学中的各种公式是形，公式背后的物理规律是意。

费曼发现，在课堂上，他的物理学研究生能够把复杂的物理学公式倒背如流，却不能回答他提出的生活中的简单物理学问题。费曼说过："研究了很久之后，我才明白，原来我的学生把什么都背得很熟，但他们完全不理解自己在背些什么。"

费曼曾经讲过一个故事："在一个主修希腊文的考试上，学者问学生：'当苏格拉底谈到真理和美之间的关系时，提出了什么主张？'学生们答不出来。学者又问：'苏格拉底在第三次对话录中和柏拉图说过什么？'学生们立刻眉飞色舞，以极其优美的希腊文，一字不落地把苏格拉底的原话背了出来。"可是，苏格拉底在第三次对话录里说的，正是真理和美的关系呀！对学生来讲，苏格拉底的话只不过是他们表达希腊语的形式，没有任何意义。学者对此深感遗憾。

费曼认为，我们要明白"knowing something"（知道一个事物的本质）和"knowing the name of something"（知道一个事物的名称）的区别，这是他总结的自己能成为 20 世纪最优秀的物理学家的重要原因之一。

⏮ 三、费曼技巧：选择概念、教授概念、返工、回顾精简

费曼学习法（见图 3-5）听起来很简单，只有四步。

第三章　应用力：利人利己，成为学习高手

选择概念 ➡ 教授概念 ⟲循环⟳ 返工 ➡ 回顾精简

图 3-5　费曼学习法

第一步，选择概念。 这适用于任何知识体系的任何概念。我们会发现，本书的内容到目前为止，始终强调这一步，选择学习的目标主题，并且使用拆解的方法理解。

第二步，教授概念。 就像我们教授别人一样，我们将自己知道的与这个主题相关的一切都写下来，并解释这个概念。有意思的是，费曼建议我们把教授对象定位为小学生，而不是大学生或者同事，并且用小学生都能听懂的语言解释这个概念。

这听起来可能很傻，但真的非常有效。不使用任何高级词汇或复杂概念的原因是，在使用这些本身就需要一定理解力的词汇时，我们很容易陷入自以为很明白这个词汇的含义，却一无所知的自欺怪圈。

当我们使用小学生都能听懂的语言叙述自己对一个概念的理解时，也是迫使自己更深刻地理解它的过程，如果做不到，或者做起来很难，说明我们还有没理解清楚的地方。

第三步，返工。 这一步针对的是第二步，我们在一开始教授别人时，会发现自己绝大多数时候对概念解释得不清楚，会发现自己理解有偏差，忽视重要内容，以及难以理解的方面。这一步的过程和富兰克林练习写作的方法类似，但是它的反馈更加彻底，因为它不仅使自己得到自己的反馈，被教授者也会对不清晰的地方给出反馈：持续的提问、直截了当地说没听懂，都是特别有价值的反馈。接着我们再返回原材料中，无论是书本、网络资料、培训笔记抑或是在线课程等，重新有针对性地学习相关的内容。

重新学习后，再回到第二步教授概念，重新向他人解释我们之前没有讲清楚的部分，直到我们可以完整地将一个系统化的概念解释清晰。

最后一步，回顾精简。我们把在上一步得到的概念写下来，重新回顾，确保自己没有借用任何复杂的语言来解释，然后大声读出来。如果这个概念存在不够简洁或者听起来让人困惑的地方，那就再做一次精简，用最少的文字解释清楚。而这时，我们会发现自己已经真的理解了这个概念的实质。

回顾整个过程，我们会惊奇地发现，最开始接触到的那些文字已经不见了，最后纸面上的文字是自己的，不是作者的或者前人的。我们抛弃了原有知识的"形"，保留了原有知识的"意"。

更重要的是，在我们使用费曼学习法，以输出倒逼输入的过程中，也在毫无保留地向我们教授的对象讲解自己对知识的深层理解。除了收到有效的反馈，做到"得其意，忘其形"，我们还直接影响了身边的人，让他们对一个概念、一个知识点的理解程度与自己接近，如果他们也能按照费曼学习法开启新的学习循环，那么他们也会和我们一样，学习到知识的真谛。

第三章　应用力：利人利己，成为学习高手

简单回顾

　　这一节的内容比较简单，讲述了通过"费曼学习法"中的选择概念、教授概念、返工和回顾精简四步，就可以让我们对知识的理解从形式直达内涵，完成了一次将知识从前人向自己转化，再由自己向身边人输出的过程。

第三节
影响更多的人：库伯学习圈

一、"如何包饺子"是学问，也是课程

先问大家一个问题："你会包饺子吗？"

肯定会有两种答案：会和不会。不管你会还是不会，如果这时候给你一项任务：设计一门"如何包饺子"的课程，你会从哪里入手，如何设计授课流程呢？

有的同学会说："我不会包饺子，我先自己学，把自己学习的过程详细记录下来，这样是不是就变成一门课了？"

有的同学会说："我会包饺子，我把自己一步一步包饺子的过程详细记录下来，这样是不是就变成一门课了？"

理论上，以上两种方法都可以，它们都能变成一门课。但有的人饺子包得皮薄馅大肉鲜，极其美味；而有的人饺子包得有点惨不忍睹，无从下咽。课程也一样，不同的人用不同的方法设计出不同的课程，在实际教学过程中，就会出现教学效果好、绝大多数同学都学会了，以及教学效果差、只有少数同学能学会的现象。

这是为什么呢？

因为课程设计并不是单纯的动作描述和经验输出的过程，它是有结构化的套路和方法的。

二、库伯学习圈，首尾相连的教学结构

库伯学习圈是美国社会心理学家、教育家，也是著名的体验式学习大师大卫·库伯提出的经验学习模式，它也被称为经验学习圈理论。

库伯认为，学习过程是一个由四个学习阶段构成的环形结构（见图 3-6），包括具体体验、反思观察、抽象概括和行动实践。

具体体验是让学习者完全投入一种新的体验，切身感受。

反思观察是学习者在停下的时候对体验加以思考。

抽象概括是学习者能理解观察、体验和反思的内容，并且吸收它们使其成为合乎逻辑的概念。

行动实践是学习者要验证这些概念并将它们运用到制定策略、解决问题中。

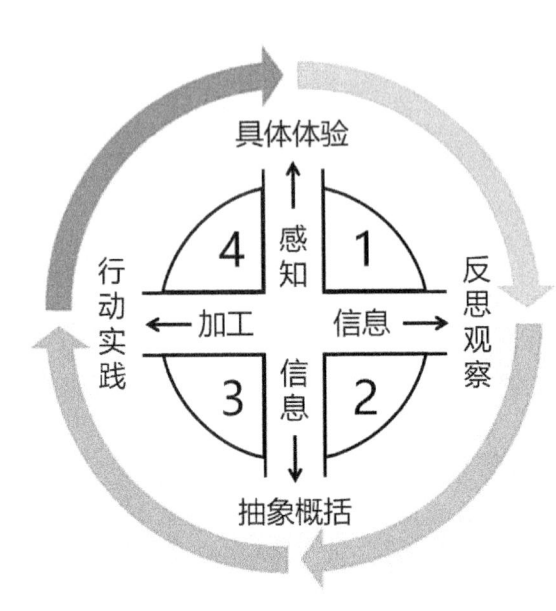

图 3-6　四个学习阶段构成的环形结构

需要注意的是，这四个环节没有严格意义上的开始阶段，也就是说，我们可以从任何一个环节开始推进，在保证至少完成一次学习循环的基础上，进行多次循环。

如果我们还以"如何包饺子"这门课为例，按照库伯学习圈理论，我们可以有四种课程的设计方案，这里我们介绍其中一种。

第一步，准备好包饺子的材料，请现场学员一起包饺子；

第二步，让学员反思包饺子的过程；

第三步，形成"如何包饺子"的知识概括；

第四步，巩固和落实"如何包饺子"的概念。

这种学习方案就是先让学员根据体验获得具体经验，然后针对体验开始反思，并对反思的结果进行抽象的概括，理解自己观察、体验和反思的内容，使其成为合乎逻辑的概念，最后把得到的概念应用于新的实践中。

三、学习风格库，针对不同人的组合拳

我们可以试着回忆下，在自己以往的学习过程中，是否接触过不同的学习顺序，哪种顺序的学习效率更高一些呢；或者你觉得采用什么样的风格设计一门课，学员的接受度和学习效果会更好。

有的人喜欢从具体体验阶段开始学习。首先，他发现自己正在实践一些从未做过的事情，然后针对这种体验进行反思。接下来，他开始分析自己对这件事情的看法，实践的难易度，是否能利用以往的经验等。最后，将以往经验应用于相同或类似的情况中。此类人我们称为经验型学习者。

有的人喜欢从反思观察阶段开始学习。他善于先从经验中获得知识，并对这些知识进行研究，然后将所有知识汇总，从中得出结论，再决定应该怎样应用自己的知识进行实践。此类人我们称为反思型学习者。

结构学习力 | STRUCTURED LEARNING POWER

有的人喜欢从抽象概括阶段开始学习。他善于先从书本或课程中得到相关知识，再决定怎样应用知识进行实践，并对实践过程做出反思。此类人我们称为理论型学习者。

有的人喜欢从行动实践阶段开始学习。他善于先从实际出发考虑应该怎么做，再对实践进行总结和反思，最后进行理论化思考并得出结论。此类人我们称为应用型学习者。

要强调一点，不同的学习风格没有优劣之分，我们选择适合自己的学习风格，从任何一个环节开始推动整个学习圈的循环，都可以达到不错的学习效果。我们应当注意每种学习风格的优点和注意点，以便在自己学习和设计课程中进行优点的强化和弱项的弥补与规避。

经验型学习者学习风格的优点

（1）突出的学习能力是具体体验和行动实践。

（2）比较善于执行计划并愿将自己投身于新的或富有挑战性的工作中。

（3）倾向于将内部的感情表达出来。

（4）在解决问题时，较多地从他人身上或通过尝试错误获取信息，而不是通过自己的分析。

第三章 应用力：利人利己，成为学习高手

（5）喜欢与人合作完成任务，设定目标，做现场调查工作，为完成一个项目会尝试不同的方法。

经验型学习者学习风格的注意点

（1）注意锻炼自己反思观察和抽象概括的学习能力。

（2）通过阅读和听讲座开阔自己的视野。

（3）尝试探索和分析理论模型。

（4）多提问"为什么"，留出时间进行全面思考。

反思型学习者学习风格的优点

（1）突出的学习能力是具体体验和反思观察。

（2）善于从不同的角度观察具体情境。

（3）对艺术文化充满兴趣，善于收集信息。

（4）对人际交往很感兴趣，具有丰富的情感和想象力。

（5）擅长文科类课程学习。

（6）喜欢小组活动，喜欢开放地倾听，喜欢接收他人的反馈。

（7）在诸如"大脑风暴"的学习情境中能够有很好的表现。

反思型学习者学习风格的注意点

（1）注意锻炼自己抽象概括和行动实践的学习能力。

（2）多用新的观点、方法尝试实践。

（3）多进行一些模拟试验以及实际应用操作等。

（4）多思考"怎么样"的问题。

（5）主动寻找机会尝试新的任务，并允许自己失败。

理论型学习者学习风格的优点

（1）突出的学习能力是抽象概括和反思观察。

（2）善于以精细的逻辑理解各种不同的信息。

（3）可能不太关注人际交往，但对抽象的理论和概念比较感兴趣。

（4）认为理论的价值比实际的价值更重要。

（5）喜欢阅读、听讲座；喜欢探索和分析理论模型。

（6）希望有时间进行全面思考。

理论型学习者学习风格的注意点

（1）注意锻炼自己具体体验和行动实践的学习能力。

第三章 应用力：利人利己，成为学习高手

（2）多进行团队合作。

（3）多做现场调查工作。

（4）为完成一个项目多尝试不同的方法。

（5）多思考"如果……会怎样"的问题。

（6）努力将课堂中学到的知识运用到新的环境中解决真实的问题。

应用型学习者学习风格的优点

（1）突出的学习能力是抽象概括和行动实践。

（2）擅长发现理论和观点的实际用途。

（3）通过不断探索的方法来解决问题、做出决定。

（4）喜欢技术性的任务，不喜欢社会服务或人际交往方面的工作。

（5）善于尝试采用新的观点进行实践，喜欢模拟试验以及实际应用操作等。

应用型学习者学习风格的注意点

（1）注意锻炼自己具体体验和反思观察的学习能力。

（2）尝试通过小组活动开放地倾听。

（3）主动寻求来自他人的反馈。

（4）多提问"为什么"的问题。

通过每个学习风格优点和注意点的对比，我们会发现，库伯学习圈的四个环节都非常重要。值得注意的是，在做好某一两个环节后，我们还需要完善其他环节，尽量补全这个环形结构。

所以，尽管我们可能只处于某一种学习风格，但是完美的学习风格一定是按照库伯学习圈的环形结构，逐一实施四个环节。如果是课程设计，那么各环节中的每个环节都需要在设计时有特定的内容设置，这样既可以覆盖更多学习风格的学员，又可以帮所有人规避在特定学习风格下的缺点，从而让更多的人喜欢我们的知识分享，让更多的人受益。

以下是本书提供的一种常用的各环节授课的内容设置，大家可以体会或者借鉴一下这种结构化的设计方式。

在具体体验环节，设置类似案例分析、故事讲述、游戏、角色扮演等内容，主要目的是唤起学员的旧知，找到自己以往的经验或者印象。在反思观察环节，设置一些问题，以及讨论和分析的内容，激发学员对以往经验或印象的思考。在抽象概括环节，通过讲授知识、视频教学或者现场示范将学员的反思呈现出来，或者沉淀下去。在行动实践环节，让学员带着反思与新知进行模拟试验、实操或分享等。

第三章 应用力：利人利己，成为学习高手

如果在一门课中有多个知识点，那么我建议每一个知识点都设计一次对四个环节的内容设置，让每一个知识点都能引起学员的共鸣和反思，最终真正掌握所学知识。

回　顾

到这里，有关结构化的、职场高效学习的理论框架和工具方法就介绍完了。

在整个"结构学习力"的体系中，我们从思维的结构化、知识的结构化与学习的结构化三层次出发，深入学习了"3A学习螺旋"模型。其中的3A分别代表三个英文单词：plAn、integrAtion、Apply。

（一）规划力（plAn），这是一种在信息洪流中探索知识的指南。在这个信息爆炸的时代，如何准确地获取我们需要的知识尤为重要。规划力教会了我们这个技能。我们通过规划力，学会了如何使用明确来源定目标，这是学习过程的第一步，它决定了我们需要学习的知识领域和学习深度。接着，我们学会了解构能力定内容，这个步骤让我们明白自己需要学什么，从大量信息中筛选出对自己最有价值的内容，这是学习过程的第二步。最后，我们通过分配资源定计划，这一步让我们知道如何进行有效的学习，它帮助我们确定学习的时间、方法和节奏，这是学习过程的第三步。以上三个步骤相互协作，帮助我们解决了为何学、学什么和如何学的问题，让我们的学习过程更加高效。

（二）整合力（integrAtion），这是构建个人知识模型的助手。当我们在探索知识的海洋时，如何整合这些知识，如何将这些知识融入自己的思维模型，整合力会带给我们帮助和答案。首先，我们学会了使用"结构思考力三层次模型"中的理解环节，它让我们从原始信息中提取核心知识，让知识变得更加清晰易懂。接着，重构环节让我们能够将这些知识重新组合，形成自己的思维模式。最后，呈现环节让我们将这个模型展示出来，让我们将自己的思考清晰地传达给别人。以上三个环节共同协作，让我们能够萃取知识、规整知识、模型化知识，让我们对知识有了更深刻的理解。

（三）应用力（Apply），这是将知识转化为实践的动力。知识如果不能转化为实践，就像一堆无用的信息一样。应用力让我们能够将知识转化为行动，使自己成为真正造福他人和自己的专业高手。本书已经向大家介绍了三种应用力的方式，它们分别是刻意练习、费曼技巧和库伯学习圈。刻意练习让我们通过不断的试错和改进，提升自己的学习技能；费曼技巧让我们能够更好地理解和记忆知识，并帮助我们更好地吸收和使用知识；库伯学习圈是一种有效的问题解决模型和学习策略，它提供了一个框架，帮助我们更好地理解和应对复杂问题。通过以上三种方式，我们可以将知识转化为实践，不仅让自己从中受益，也能让我们周围的人从中受益，甚至帮助更多的人受益。这就是应用力的真正价值，它使我们从知识的接收者变成知识的使用者和传播者，成为真正的专业高手。

总结一下，规划力、整合力和应用力，这三种力量，它们各自拥有价值，又相互关联、相互促进。规划力帮助我们在海量的信息中找到真正有价值的知识，确定自己的学习目标和内容；整合力让我们将这些知识进行有效的处理和重组，形成自己的思维模型；应用力帮助我们将知识应用到实践中，真正让知识发挥价值。这就是真正的学习过程，从获取知识，到理解知识，再到应用知识，一切都是为了让自己能够更好地理解这个世界，更好地应对生活中的各种挑战。

最后，我相信本书一定能够帮助大家掌握信息超载时代的职场学习之道。

参考文献

[1] 莫提默·J. 艾德勒，查尔斯·范多伦. 如何阅读一本书[M]. 郝明义，朱衣，译. 北京：商务印书馆，2004.

[2] 斋藤孝. 学会学习：从自我认知到高效学习[M]. 张祎诺，译. 江西：后浪出版公司，2016.

[3] 蒂姆·费里斯. 巨人的工具[M]. 杨清波，译. 北京：中信出版集团，2018.

[4] 野中郁次郎，竹内弘高. 创造知识的企业：领先企业持续创新的动力[M]. 吴庆海，译. 北京：人民邮电出版社，2019.

[5] 马尔科姆·格拉德威尔. 异类：不一样的成功启示录[M]. 苗飞，译. 北京：中信出版集团，2014.

[6] 安德斯·艾利克森，罗伯特·普尔. 刻意练习：如何从新手到大师[M]. 王正林，译. 北京：机械工业出版社，2016.

版权课程产品体系与服务体系

以结构思考力®为核心的产品体系

产品体系：结构思考力®系列版权课程为 4 门独立的版权课程，以"改善国人思维，提升企业沟通效率"为目标。

◬	结构思考力®——透过结构看思考表达	2天	• 口头及文字表达，更明确严密，有效说服他人 • 结合实际工作场景案例，现场产出工作报告、方案等
◬	结构思考力®——透过结构看问题解决	2天	• 能够对"问题"进行系统思考，并找到解决方案 • 找到解决问题的"关键逻辑"，设计可行的方案，制定实施计划
⬢	结构萃取力®	2天	• 萃取优秀岗位经验，减少优秀经验流失 • 掌握萃取方法论，成为组织经验"中转站"
◉	结构领导力®	2天	• 掌握打开"双轮驱动"密钥，进行理性决策 • 掌握不同场景下的关键管理技能，推动并完成各项任务

服务体系：线上线下相结合的系统化"思考力"解决方案。

结构思考力研究中心服务体系包括视频课、训练营等线上产品，以及公开课、内训、学习项目、版权认证等线下课学习形式，逐步形成了以高质量的培训课程为基础，以高切合的师资团队为核心的产品结构和服务模式，为客户提供优质解决方案。

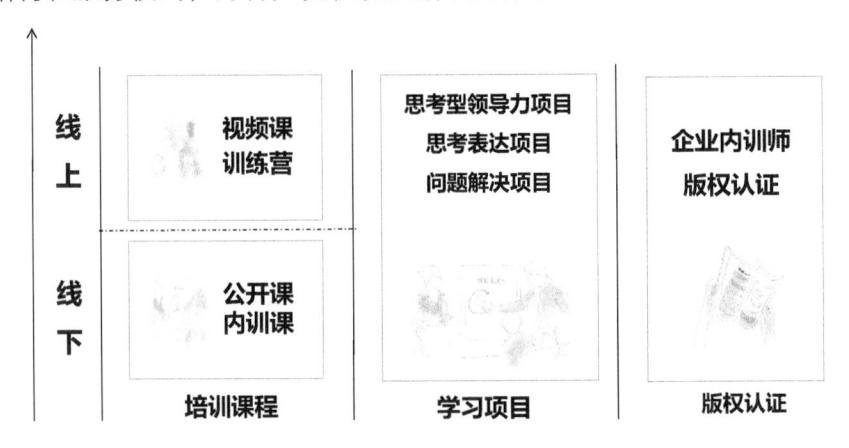

	培训课程	学习项目	版权认证
线上	视频课 训练营	思考型领导力项目 思考表达项目 问题解决项目	企业内训师 版权认证
线下	公开课 内训课		